Basic French Grammar

Gloria Russo
*Sweet Briar College
Junior Year in France*

Georges Perla
Georgia State University

*D. C. Heath and Company
Lexington, Massachusetts   Toronto*

ILLUSTRATION CREDITS

Barbara Alper / Stock, Boston: p. 103
Mark Antman / Stock, Boston: p. 151
Ted Cordingley / Global Focus: p. 183
Owen Franken / Stock, Boston: pp. 9, 19, 73, 89, 137
Peter Menzel: pp. 1, 29, 45, 59, 81, 115, 123, 131, 159, 167, 177
Stuart Rosner / Stock, Boston: p. 67
Frank Siteman / Stock, Boston: p. 37

COVER: *Place Clichy, 1912,* by Pierre Bonnard. Giraudon / Art Resource.

Copyright © 1985 by D. C. Heath and Company.

All rights reserved. No part of this publication may be reproduced or transmitted in any form or by any means, electronic or mechanical, including photocopy, recording, or any information storage or retrieval system, without permission in writing from the publisher.

Published simultaneously in Canada.

Printed in the United States of America.

International Standard Book Number: 0-669-05346-5

Library of Congress Catalog Card Number: 83-81003

Preface

Basic French Grammar is designed to provide students with a clear guide to the essential elements of French grammar necessary for successful communication. In order to achieve this goal, grammar presentations are as brief as possible and are immediately followed by models in the form of conversational exchanges. This method helps the student to understand that the learning of grammar is not an end in itself but rather the means to communicating in French.

This central text is complemented by two manuals, one on general communication and one on business and finance, as well as two complete audio programs. The workbooks present vocabulary useful in specific professional settings or everyday communicative interactions. Attention has been given in each chapter to developing realistic dialogues and situational exercises emphasizing practical and articulate communication.

The lessons in the basic text and each workbook correspond to one another. As a result of this parallel structure, students learn a grammatical item and immediately make its practical application in one or both of the workbooks.

Aware that many students of French for professional reasons have special needs coupled with limited study time, we have made every effort to present all material in such a way as to permit individualized instruction.

Basic French Grammar includes:

1. A preliminary lesson containing useful words and expressions (e.g., greetings and farewells)
2. Twenty lessons, each containing:
   - Grammatical structures
   - Conversational exchanges illustrating each grammatical concept
   - Brief exercises offering an immediate opportunity to practice the new grammar point
   - New and meaningful vocabulary introduced in each lesson
3. A self-testing section after every five lessons; answer keys appear in Appendix E.
4. The following appendices:
   - Verb charts

- Rules of French pronunciation
- Glossary of useful grammatical terms
- List of careers and occupations
- Answer key for self-testing sections

5. An end vocabulary including:
   - French-English vocabulary
   - English-French vocabulary

Workbooks

Lesson formats are generally as follows:

1. Dialogues presenting situations characteristic of professional needs (e.g., "Asking for Directions" and "At the Hotel" in the *Communication Workbook*, and "Discussion on Data Processing" and "Conversations with an Insurance Broker" in the *Business and Finance Workbook*)
2. Appropriate vocabulary
3. Grammatical structure exercises
4. Question-answer exercises
5. Dialogue completion
6. Situational exercises
7. Dictation
8. Class activity

Every fifth lesson is followed by a vocabulary review. French–English / English–French end vocabularies are also included.

Audio Programs

Seven cassettes playing for approximately seven hours accompany the *Communication Workbook*. An audio program of seven cassettes lasting approximately seven hours accompanies the *Business and Finance Workbook*. Both audio programs provide extensive listening-comprehension and dictation practice.

Our sincere thanks to the editorial staff of D. C. Heath and Company for their unfailing assistance.

G.M.R.
G.P.

Contents

Preliminary Chapter

1. Personal data   2
2. Greetings and farewells   3
3. Days of the week   5
4. Cardinal numbers (0–69)   6
5. Months and seasons of the year   6

Chapter 1

1. Subject pronouns (used with verbs)   10
2. The present indicative of regular **-er** verbs: le présent   10
3. Interrogative sentences   12
4. Negative sentences   13
5. Gender   14
6. Cardinal numbers (70–1,000)   15
7. Study of cognates   16

Chapter 2

1. The definite article   20
2. Uses of the definite article   20
3. Plural forms   21
4. Forms of adjectives   22
5. Position of adjectives   24
6. The indefinite article   24
7. The irregular verbs **accueillir, ouvrir,** and **offrir**   25

Chapter 3

1. Present indicative of the irregular verb **être**   30
2. Possessive adjectives   31
3. Possession with **de**   32
4. Contractions with **de**   32
5. Contractions with **à**   33
6. Present indicative of the irregular verb **aller**   34

Chapter 4

1. Interrogative adjectives   38
2. Telling time   39
3. Some helpful time expressions   40
4. Present indicative of the irregular verb **avoir**   42
5. Expressions with **avoir**   42

Chapter 5

1. Present tense of regular **-ir** and **-re** verbs: le présent   46
2. Present tense of regular **-ir** verbs like **partir**   47
3. The irregular verbs **boire**, **vouloir**, and **pouvoir**   48
4. The partitive: **de**   49
5. Expressions of quantity   50

Test Yourself: Chapters 1–5   53

Chapter 6

1. Present tense of the irregular verb **faire**   60
2. Uses of **faire**   60
3. Comparison of adjectives   61
4. Comparison of irregular adjectives   62
5. **Aller** + the infinitive: the near future   63
6. The irregular verbs **mettre** and **prendre**   64

Chapter 7

1. The command form of the verb (imperatives)   68
2. **Il y a** / **il n'y a pas de**   69
3. **Voici** / **voilà**   69
4. Possessive pronouns   69
5. The irregular verb **venir**   70
6. **Venir** + **de** + the infinitive: the recent past   71

Chapter 8

1. Interrogative sentences   74
2. Direct object pronouns   75
3. The irregular verbs **connaître** and **savoir**   76
4. Formation of adverbs   77
5. Comparison of adverbs   78
6. Position of adverbs   78

Chapter 9

1. The irregular verbs **lire, dire,** and **écrire**   82
2. Indirect object pronouns   83
3. Direct and indirect object pronouns together   84
4. Ordinal numbers and their uses   85
5. **Depuis** and the present tense   86

Chapter 10

1. Object pronoun: **y**   90
2. Object pronoun: **en**   91
3. Orthographic-changing -er verbs   92
4. Object pronouns with the imperative   94
5. Demonstrative adjectives   94
6. The irregular verb **conduire**   95

Test Yourself: Chapters 6–10   98

Chapter 11

1. Demonstrative pronouns   104
2. Reflexive verbs and parts of the body   105
3. Parts of the body   106
4. The irregular verbs **croire** and **voir**   108
5. The present perfect tense of the verb: le passé composé   109
6. Verbs conjugated with **avoir**   110
7. Verbs conjugated with **être**   111
8. The passé composé of reflexive verbs   112

Chapter 12

1. Reciprocal verbs   116
2. Indefinite adjectives and pronouns   116
3. Negatives   118
4. The irregular verbs **s'asseoir** and **(se) plaire**   120

Chapter 13

1. Negative and interrogative forms of the passé composé   124
2. Object pronouns with the passé composé and the infinitive   124
3. Agreement of past participles in the passé composé   125
4. Some irregular past participles   126
5. The imperfect tense of the verb: l'imparfait   127

Chapter 14

1. **Depuis** and the imperfect tense   132
2. The irregular verbs **devoir** and **recevoir**   132
3. Use of the passé composé and the imparfait   133
4. **Depuis que** and **pendant que**   134

Chapter 15

1. Future tense of the verb: le futur   138
2. Irregular verbs in the future tense   139
3. The conditional: le conditionnel   140
4. The irregular verbs **falloir** and **valoir**   141
5. Relative pronouns: subject and direct object   143

Test Yourself: Chapters 11–15   146

Chapter 16

1. Relative pronouns: object of a preposition   152
2. Relative pronouns: object of the preposition **de**   153
3. The irregular verbs **craindre** and **peindre**   154
4. Disjunctive pronouns   155
5. The pluperfect tense of the verb: le plus-que-parfait   156

Chapter 17

1. Interrogative pronouns   160
2. The irregular verbs **suivre** and **vivre**   161
3. The future perfect tense of the verb: le futur antérieur   162
4. The past conditional of the verb: le conditionnel antérieur   163
5. Conditional sentences: **si** clauses   164

Chapter 18

1. The present subjunctive   168
2. Uses of the subjunctive   170
3. The past subjunctive   172
4. The irregular verbs **rire** and **sourire**   173

Chapter 19

1. Use of the past subjunctive   178
2. The subjunctive after certain conjunctions   178
3. The infinitive   179
4. The verb **envoyer**   181

Chapter 20

1. The present participle   184
2. Uses of the verb **devoir**   185
3. The passive voice   186
4. The passé simple and the passé antérieur tenses   187

Test Yourself: Chapters 16–20   188

Appendices

A. Verb Conjugations   192
B. French Pronunciation   212
C. Glossary of Grammatical Terms   220
D. Careers and Occupations   222
E. Answer Key to Self-Testing Sections   226

Vocabulary

French-English   235
English-French   246

Index   257

Preliminary Chapter

1. Personal data
2. Greetings and farewells
3. Days of the week
4. Cardinal numbers (0–69)
5. Months and seasons of the year

1. Personal data

Nom et prénoms?	*Surname and first names?*
Marie-Thérèse Dutour.	*Marie-Thérèse Dutour.*
Situation de famille?	*Marital Status?*
Mariée.	*Married.*
Nom de jeune fille?	*Maiden Name?*
Mounin.	*Mounin.*
Nationalité?	*Nationality?*
Canadienne.	*Canadian.*
Lieu de naissance?	*Place of birth?*
Montréal.	*Montreal.*
Age?	*Age?*
Vingt-trois ans.	*Twenty-three.*
Profession?	*Occupation?*
Étudiante.	*Student.*
Domicile?	*Address?*
Cinquante-cinq, rue Jardin.	*55 Garden Street.*
Ville?	*City?*
Paris.	*Paris.*

Vocabulary

NOUNS

l'âge (*m.*) age
les ans (*m. pl.*) years
la date de naissance birthdate
le domicile residence
le jour day
le lieu de naissance birthplace
le mois month
la nationalité nationality
le nom surname
le nom de jeune fille maiden name
le numéro number
le numéro de la carte d'identité I.D. number
le numéro de sécurité sociale social security number
le numéro du permis de conduire driver's license number
l'occupation (*f.*) profession
le prénom first name
la profession profession, occupation
la rue street
le sexe sex
la situation de famille marital status
le téléphone telephone
le veuf widower
la veuve widow
la ville city

ADJECTIVES
américain(e) American
canadien(ne) Canadian
célibataire single
divorcé(e) divorced
féminin(e) feminine
français(e) French

marié(e) married
masculin(e) masculine
séparé(e) separated

OTHER WORDS
et and

Exercise

Choose a partner and ask the following questions as though you were filling out an official form. Then exchange roles.

1. Nom et prénom?
2. Situation de famille?
3. Nom de jeune fille? (If you are talking to a married woman.)
4. Nationalité?
5. Lieu de naissance?
6. Profession?
7. Domicile?
8. Ville?

2. Greetings and farewells

(M. Paul Binet, accompanied by his secretary, is hurrying to a meeting when he meets a colleague, Albert Durand.)

Bonjour, Albert. Comment allez-vous?	*Hello, Albert. How are you?*
Bonjour, Paul. Très bien, merci. Et vous?	*Hello, Paul. Very well, thank you. And you?*
Bien, merci. Je vous présente Mlle Théville, ma secrétaire.	*Well, thank you. I would like to introduce Miss Théville, my secretary.*
C'est un plaisir de faire votre connaissance, Mademoiselle.	*It is a pleasure to meet you. (Miss).*
Enchantée, Monsieur.	*The pleasure is mine, (sir).*
Nous sommes en retard pour un rendez-vous. A bientôt, Albert. Au revoir, Mademoiselle, Paul.	*We are late for an appointment. See you soon, Albert. Good-bye, Miss, Paul.*

(Dr. Vinet telephones one of his patients, Mme Pontier.)

> Bonsoir, Mme Pontier.
> *Good evening, Mrs. Pontier.*
>
> Bonsoir, Docteur Vinet.
> *Good evening, Dr. Vinet.*
>
> Comment allez-vous, Madame?
> *How are you, (madam)?*
>
> Pas très bien, Docteur.
> *Not very well, doctor.*
>
> C'est dommage, Madame. Prenez deux aspirines et téléphonez-moi demain.
> *That's a shame, (madam). Take two aspirin and call me tomorrow.*
>
> Merci beaucoup, Docteur.
> *Thank you very much, doctor.*
>
> Je vous en prie, Madame. À demain.
> *You're welcome, (madam). I'll see you tomorrow (until tomorrow).*

Vocabulary

GREETINGS AND FAREWELLS

À bientôt. See you soon.
À demain. See you tomorrow.
À plus tard. See you later.
Au revoir. Good-bye.
Bonjour. Hello. (Good day.)
Bonsoir. Hello. (Good evening.)
Comment allez-vous? How are you?
Enchanté(e). Happy to make your acquaintance.
Je vous présente ____. I'd like to introduce ____.
Pas mal, merci. Et vous? Not bad, thanks. And you?
Pas très bien. Et vous? Not too well. And you?
Très bien, merci. Et vous? Very well, thanks. And you?

FORMAL TITLES

docteur Doctor
professeur Professor
monsieur Mr., Mister, sir
madame Mrs., madam, Ms.
mademoiselle Miss, young lady

USEFUL EXPRESSIONS

Asseyez-vous. Sit down.
C'est dommage. That's a shame. That's too bad.
De rien. You're welcome.
Entrez. Come in.
Je vous en prie. You're welcome.
Merci. Thank you.
Merci beaucoup. Thank you very much.
Non. No.
Oui. Yes.
S'il vous plaît. Please.

Exercises

A. Choose a partner and act out the two dialogues.

B. Using the two dialogues and the vocabulary list, make up a new dialogue. Act it out with your partner.

C. What would you say in the following situations?
1. You meet Professor Renaud before class and ask him how he is.
2. Someone knocks on the door of your room.
3. You want to introduce a friend to Dr. Vinet.
4. You say good-bye to someone you plan to see tomorrow.
5. Someone thanks you for helping him / her.
6. You ask how someone feels.
7. You acknowledge an introduction to someone.

3. Days of the week

(Three friends are confused about the day of the week.)

Quel jour sommes-nous aujourd'hui?	*What day is it today?*
C'est aujourd'hui vendredi, n'est-ce pas?	*Today is Friday, isn't it?*
Non, c'est aujourd'hui samedi.	*No, today is Saturday.*
Et demain?	*And tomorrow?*
Dimanche.	*Sunday.*

The days of the week are as follows:

lundi *Monday*   vendredi *Friday*
mardi *Tuesday*   samedi *Saturday*
mercredi *Wednesday*   dimanche *Sunday*
jeudi *Thursday*

NOTE:

- The days of the week are not capitalized in French.
- Monday is the first day of the week, Sunday the last.

Exercise

Form groups of three. Following the model, one asks the question; the other two respond. Change roles.

Model: C'est aujourd'hui **mercredi**, n'est-ce pas?
         *Non, c'est aujourd'hui **mardi**.*
         *Non, c'est aujourd'hui **jeudi**.*

1. vendredi
2. lundi
3. samedi
4. jeudi
5. dimanche
6. mercredi
7. mardi

4. Cardinal numbers (0–69)

0 zéro	11 onze	21 vingt et un
1 un	12 douze	22 vingt-deux
2 deux	13 treize	23 vingt-trois
3 trois	14 quatorze	24 vingt-quatre
4 quatre	15 quinze	25 vingt-cinq
5 cinq	16 seize	26 vingt-six
6 six	17 dix-sept	27 vingt-sept
7 sept	18 dix-huit	28 vingt-huit
8 huit	19 dix-neuf	29 vingt-neuf
9 neuf	20 vingt	
10 dix		

30 trente	50 cinquante
31 trente et un	51 cinquante et un
32 trente-deux	52 cinquante-deux
40 quarante	60 soixante
41 quarante et un	61 soixante et un
42 quarante-deux	62 soixante-deux

Exercises

A. Read each of the following numbers aloud:

0	61	45	8	1	12
19	4	13	18	21	31
16	42	5	60	11	10
29	53	69	24	38	3

B. Following the model, complete each sum; then read it aloud.

Model: Combien font deux et huit?
Deux et huit font dix.

1. 31 + 3 =
2. 5 + 8 =
3. 16 + 20 =
4. 22 + 37 =
5. 2 + 9 =
6. 20 + 48 =
7. 15 + 20 =
8. 50 + 7 =
9. 19 + 21 =
10. 13 + 33 =
11. 32 + 32 =
12. 41 + 4 =

5. Months and seasons of the year

(Mme Blé checks the date and season with her secretary, Mlle Sarnac.)

Quelle est la date aujourd'hui?	What is today's date?
C'est aujourd'hui le douze février.	Today is February 12.
En quelle saison sommes-nous?	What season is this?
Nous sommes en hiver.	It is winter.

Quelle est la date aujourd'hui?	What is today's date?
C'est aujourd'hui le premier mai.	Today is May 1.
En quelle saison sommes-nous?	What season is this?
Nous sommes au printemps.	It is spring.
Quelle est la date aujourd'hui?	What is today's date?
C'est aujourd'hui le vingt et un septembre.	Today is September 21.
En quelle saison sommes-nous?	What season is this?
Nous sommes en automne.	This is fall.

The months of the year are:

janvier *January*	mai *May*	septembre *September*
février *February*	juin *June*	octobre *October*
mars *March*	juillet *July*	novembre *November*
avril *April*	août *August*	décembre *December*

NOTE:

- Months are not capitalized in French.
- The ordinal number **le premier** (*the first*) is used for the first day of the month. Cardinal numbers are used for the other days: **le deux** (*the second*), **le vingt-cinq** (*the twenty-fifth*).
- In French, the date comes first; the month comes last.

The seasons of the year are as follows:

spring le printemps	*fall* l'automne
summer l'été	*winter* l'hiver
in spring = au printemps	*in the fall* = en automne
in summer = en été	*in winter* = en hiver

Exercises

A. Following the model, read the dates aloud.

    Model: January 4
                    C'est aujourd'hui le quatre janvier.

1. May 1
2. October 21
3. April 7
4. January 21
5. August 19
6. February 10
7. November 14
8. June 16
9. September 12
10. December 25
11. July 4
12. March 11

B. Choose a partner. Repeat each date in Exercise A; then give the correct season. Change roles.

    Model: July 20
                    C'est aujourd'hui le vingt juillet. (you)
                    Nous sommes en été. (your partner)

Personal Information

Complete the following standard form.

Nom et prénoms   Date de naissance

_____   _____
(nom)   (prénoms)   (jour)   (mois)   (an)

Domicile

_____
(numéro)   (rue)   (ville)

Téléphone

(   ) _____

Situation de famille   Sexe   Âge

1. ____ célibataire   ____ masculin   ____
2. ____ marié(e)   ____ féminin
3. ____ divorcé(e)
4. ____ séparé(e)
5. ____ veuf(ve)

Nationalité _____

Profession _____

Numéro de sécurité sociale _____

Numéro du permis de conduire _____

1

1. Subject pronouns (used with verbs)
2. The present indicative of regular **-er** verbs: le présent
3. Interrogative sentences
4. Negative sentences
5. Gender
6. Cardinal numbers (70–1,000)
7. Study of cognates

1. Subject pronouns (used with verbs)

Singular		Plural	
je	I	nous	we
tu (*familiar*)	you	vous (*formal, plural*)	you
il	he, it	ils	they
elle	she, it	elles	they
on	one		

NOTE:

- Use **tu** only with children, close friends, relatives, and animals.
- Use **vous** with everyone else. The French are much more formal than Americans; do not presume to use the **tu** form with them. Allow the French person to decide when you have become close enough friends to change **vous** to **tu**.

Exercise

In the following situations, what pronoun would the speaker use?

1. Mary talks about how she and her assistant developed a new project.
2. She describes her own contributions.
3. She explains her colleague's sketches.
4. Her boss asks her what research she had done.
5. Mary tells him that the 250 people interviewed all liked the new designs.
6. Her assistant, a close personal friend, reminds her that she is forgetting the mail survey.
7. Their boss tells them they are both to be commended.

2. The present indicative of regular -er verbs: le présent

parler (*to speak*)	
Singular	
Je parle français.	*I speak (am speaking, do speak) French.*
Tu parles français.	*You speak (are speaking, do speak) French.*
Il parle français.	*He speaks (is speaking, does speak) French.*
Elle parle français.	*She speaks (is speaking, does speak) French.*
On parle français.	*One speaks (is speaking, does speak) French.*
Plural	
Nous parl**ons** français.	*We speak (are speaking, do speak) French.*
Vous parl**ez** français.	*You speak (are speaking, do speak) French.*
Ils parl**ent** français.	*They speak (are speaking, do speak) French.*
Elles parl**ent** français.	*They speak (are speaking, do speak) French.*

NOTE:

- The present tense is formed as follows:

Subject Pronouns + Stem (Infinitive − -er) + Endings $\begin{Bmatrix} e & ons \\ es & ez \\ e & ent \end{Bmatrix}$

- Each verb form has three English equivalents:

  vous parlez: you speak   (*English present*)
  you are speaking   (*English present progressive*)
  you do speak   (*English present emphatic*)

- The majority of French verbs belong to the **-er** group and are conjugated like **parler.**

Common -er verbs					
chercher	*to look for*	entrer	*to enter*	préparer	*to prepare*
danser	*to dance*	étudier	*to study*	proposer	*to propose*
dépenser	*to spend*	examiner	*to examine*	regarder	*to look at*
discuter	*to discuss*	marcher	*to walk*	téléphoner	*to telephone*
distribuer	*to distribute*	parler	*to speak*	transporter	*to transport*
donner	*to give*	penser	*to think*	travailler	*to work*

Nous **travaillons** à Chicago.   *We **work** in Chicago.*
Je **prépare** mon dossier.   *I am **preparing** my dossier.*
Pierre **discute** le problème.   *Pierre **is discussing** the problem.*

NOTE:

- Contrary to English usage, the following verbs include the English preposition in their meaning: **chercher** (*to look for*), **écouter** (*to listen to*), **payer** (*to pay for*), **regarder** (*to look at*), **demander** (*to ask for*).
- Contrary to English usage, these three verbs must be followed by a preposition: **entrer dans** (*to enter into*), **penser à** (*to think about*), **téléphoner à** (*to telephone to*).

Ils cherchent le docteur.   *They are looking for the doctor.*
Vous téléphonez à Paul.   *You are telephoning (to) Paul.*

Exercises

A. Create new statements using the subjects in parentheses.

1. Il examine le projet. (nous, je, elle, vous, on)
2. Nous donnons une réponse. (Marc, vous, je, on, il)
3. Je regarde la photo. (Vous, on, tu, elles, il)

B. Complete each of the following sentences using the present tense of the following verbs: **examiner, préparer, parler, travailler, distribuer, entrer.** Use each verb only once.

1. Vous ____ chez IBM.
2. M. Dutour ____ les lettres.
3. Nous ____ le coca-cola.
4. Je ____ anglais.
5. Paul et Henri ____ un questionnaire.
6. Tu ____ dans le restaurant.

3. Interrogative sentences

There are three simple ways to ask questions requiring a yes / no answer in French.

1. Raise voice at end of sentence.	Vous parlez français?	*Do you speak French?*
2. Add **n'est-ce pas** at end of sentence.	Vous parlez français, **n'est-ce pas?**	*You speak French don't you?*
3. Add **est-ce que** to beginning of sentence.	**Est-ce que** vous parlez français?	*Do you speak French?*

NOTE:

- **N'est-ce pas** is used to ask a question confirming something you already think is true.
- **Est-ce que** becomes **est-ce qu'** before a vowel.

Exercise

Choose a partner. Following the model, ask and respond to the questions based on the original sentences. Alternate rising intonation, **est-ce que** and **n'est-ce pas.** Change roles.

Model: Le professeur discute le problème.

Questions: a. Le professeur discute le problème? (rising intonation)
b. Le professeur discute le problème, n'est-ce pas?
c. Est-ce que le professeur discute le problème?

1. Mlle Contin propose une solution.
2. Nous travaillons à Nice.
3. Paulette et Jacqueline distribuent un questionnaire.
4. Vous donnez la réponse.

Any question may also be asked by placing the verb before the pronoun subject.

Questions by Inversion	
Parlez-vous français.	*Do you speak French?*
Distribuent-ils le questionnaire?	*Are they distributing the questionnaire?*
Refuse-t-il le billet?	*Is he refusing the ticket?*

NOTE:

- Always use **est-ce que** with **je**.

    Est-ce que je parle français? *Do I speak French?*

- Add the letter -t- before **il, elle, on.** The -t- separates the two vowels and produces a more pleasing sound.

    Examine-t-on la photo? *Is someone examining the photo?*

- If the verb has a noun subject, add a pronoun to the verb.

    Robert cherche-t-il un billet? *Is Robert looking for a ticket?*

Exercise

Change each of the following statements to questions by inverting the verbs.

> *Model:* Elle étudie le dossier.
> ***Etudie-t-elle*** *le dossier?*

1. Nous regardons le docteur.
2. Tu parles français.
3. Vous dansez.
4. Il examine la photo.
5. Paul téléphone à Marie.

4. Negative sentences

Sentences are made negative by placing **ne** before the verb and **pas** after it.

$$\text{Subject } + \text{ ne } + \text{ verb } + \text{ pas}$$

Affirmative	*Negative*
Je parle anglais.	Je **ne** parle **pas** anglais.
I speak English.	*I do **not** speak English.*
Le docteur téléphone à Mme Smith.	Le docteur **ne** téléphone **pas** à Mme Smith.
The doctor telephones Mrs. Smith.	*The doctor does **not** telephone Mrs. Smith.*
Est-ce que M. Sareau prépare un projet?	Est-ce que M. Sareau **ne** prépare **pas** de projet?
Is Mr. Sareau preparing a project?	***Isn't** Mr. Sareau preparing a project?*

NOTE:

- If the verb begins with a vowel, **ne** becomes **n'**.

  Pierre n'accepte pas la responsabilité.
  *Peter does **not** accept the responsibility.*

- *Very often*, the word following **pas** is **de** even if the noun it modifies is plural. To test for this, think of the sentence in its affirmative form. If the word after the verb would be **un, une,** or **des** (*a, some*), **de** (*some, any*) must be used in the negative sentence.

  Elle ne compose pas **de** lettres.
  *She doesn't write **any** letters.*

Exercise

Change each of the following sentences into the negative form.

1. Paul et Catherine travaillent à Boston.
2. Nous acceptons le chèque de voyage.
3. Je refuse la responsabilité.
4. Mlle Corlière propose une solution.
5. Vous considérez la difficulté de l'hypothèse.

5. Gender

All nouns in French are either masculine or feminine.

masculine	*feminine*
le monsieur	la dame
l'homme	la femme
le projet	la réponse
le dossier	la photo
le billet	la situation
le questionnaire	la nationalité
le domicile	la profession

NOTE: No fixed rule governs the gender of nouns; the gender of each must be learned. However, it will be helpful to know that many words ending in **-ment** and **-eau** are masculine and those ending in **-tion** and **-té** are feminine.

le commencement   *beginning*
la situation   *situation*

Exercise

Give the gender of the following words.

1. ____ rue
2. ____ nom
3. ____ dame
4. ____ imagination
5. ____ dossier
6. ____ nationalité
7. ____ ville
8. ____ développement
9. ____ homme
10. ____ téléphone
11. ____ chapeau
12. ____ gouvernement

6. Cardinal numbers (70–1,000)

70	soixante-dix		85	quatre-vingt-cinq
71	soixante et onze		86	quatre-vingt-six
72	soixante-douze		87	quatre-vingt-sept
73	soixante-treize		88	quatre-vingt-huit
74	soixante-quatorze		89	quatre-vingt-neuf
75	soixante-quinze		90	quatre-vingt-dix
76	soixante-seize		91	quatre-vingt-onze
77	soixante-dix-sept		92	quatre-vingt-douze
78	soixante-dix-huit		93	quatre-vingt-treize
79	soixante-dix-neuf		94	quatre-vingt-quatorze
80	quatre-vingts		95	quatre-vingt-quinze
81	quatre-vingt-un		96	quatre-vingt-seize
82	quatre-vingt-deux		97	quatre-vingt-dix-sept
83	quatre-vingt-trois		98	quatre-vingt-dix-huit
84	quatre-vingt-quatre		99	quatre-vingt-dix-neuf

100	cent		400	quatre cents
101	cent un		500	cinq cents
199	cent quatre-vingt-dix-neuf		600	six cents
200	deux cents		700	sept cents
201	deux cent un		800	huit cents
299	deux cent quatre-vingt-dix-neuf		900	neuf cents
300	trois cents		1,000	mille
301	trois cent un			
399	trois cent quatre-vingt-dix-neuf			

Exercises

A. Read each of the following numbers aloud.

132	913	510	800	629	289	499
81	414	678	101	91	555	914
342	213	95	709	372	711	75

B. Following the model, complete each sum; then read the sum aloud.

Model: 198 + 41 = ? Combien font cent quatre-vingt-dix-huit et quarante et un?
Cent quatre-vingt-dix-huit et quarante et un font deux cent trente-neuf.

1. 839 + 1 =
2. 69 + 79 =
3. 408 + 200 =
4. 329 + 329 =
5. 222 + 58 =
6. 940 + 33 =
7. 616 + 50 =
8. 131 + 418 =
9. 519 + 19 =
10. 777 + 7 =

7. Study of cognates

Words spelled similarly in French and English and pronounced slightly differently are called cognates.

le magazine
la préparation
le / la secrétaire
la réponse
le téléphone
l'hôtel
la situation
le commerce
la sécurité
l'incident
le télégramme
le problème

Many of these cognates fall into the following groups:

English -ion →French -ion
profession →profession
election →élection

English -ary →French -aire
secretary →secrétaire
necessary →nécessaire

English -y →French -é or -ie
security →sécurité
sociology →sociologie

English -ism →French -isme
capitalism →capitalisme
optimism →optimisme

NOTE: Beware of false cognates—words that look or sound like English words but have completely different meanings. For example, the French word **sensible** does not mean *sensible;* it means *sensitive.* **Raisonnable** is the word for *sensible.*

Vocabulary

NOUNS

l'**anglais** (*m.*) English
le **billet** ticket
le **capitalisme** capitalism
le **chèque de voyage** traveler's check
le **coca-cola** coke
le **commencement** beginning
le **commerce** commerce
la **dame** lady
la **difficulté** difficulty
le **docteur** doctor
le **dossier** dossier, file
l'**élection** (*f.*) election
la **femme** woman
le **français** French
l'**homme** (*m.*) man
l'**hôtel** (*m.*) hotel
l'**hypothèse** (*f.*) hypothesis
l'**incident** (*m.*) incident
la **lettre** letter
le **magazine** magazine
le **monsieur** gentleman
le **nécessaire** essential, necessary equipment
l'**optimisme** (*m.*) optimism
la **photo** photograph
la **préparation** preparation
le **problème** problem
le **professeur** teacher
le **projet** project
le **questionnaire** questionnaire
la **réponse** answer
la **responsabilité** responsibility
le **restaurant** restaurant
le (la) **secrétaire** secretary
la **sécurité** security
la **situation** situation
la **sociologie** sociology
la **solution** solution
le **télégramme** telegram
le **téléphone** telephone

VERBS

accepter to accept
chercher to look for
considérer to consider
danser to dance
demander to ask for
dépenser to spend
discuter to discuss
distribuer to distribute
donner to give
écouter to listen to
entrer to enter, to come into
étudier to study
examiner to examine
marcher to walk
parler à to speak (to)
payer to pay
penser à to think about
préparer to prepare
proposer to propose
refuser to refuse
regarder to look at
téléphoner to telephone
transporter to transport
travailler to work

PREPOSITIONS

à at, in, to
chez at
dans in, into

ADJECTIVES

raisonnable reasonable
sensible sensitive

2

1. The definite article
2. Uses of the definite article
3. Plural forms
4. Forms of adjectives
5. Position of adjectives
6. The indefinite article
7. The irregular verbs **accueillir, ouvrir,** and **offrir**

1. The definite article

French has four forms equivalent to the English *the*.

	The Definite Article	
	Masculine	*Feminine*
Singular	le	la
	l'	l'
Plural	les	les

NOTE:

- **L'** is used before *any* singular noun beginning with a vowel or silent **h**.[1]

le livre	la leçon	l'heure
les livres	les leçons	les heures

  Les étudiants préparent **la** leçon.   *The students are preparing the lesson.*

- Always learn the article as part of the noun, e.g., **la maison** (*house*), NOT **maison** (*house*), feminine.

Exercise

Give the definite article for each of the following nouns.

1. __ universités
2. __ professeur
3. __ télévision
4. __ dame
5. __ chèque
6. __ lettre
7. __ français
8. __ homme
9. __ billets
10. __ difficulté
11. __ manteau
12. __ questionnaire
13. __ réponses
14. __ anglais
15. __ responsabilité

2. Uses of the definite article

Here are some common uses of the definite article:

A. With nouns used in a general sense.

J'aime **les** chapeaux. Et vous?   *I like hats. How about you?*
Je déteste **les** chapeaux.   *I hate hats.*

---

[1] In French, the letter **h** is either silent or aspirate. If it is silent (as is most frequently true), **l'** is used and the **h** is not pronounced. This causes elision, the linking of the **l** sound to the first vowel: **l'heure**. A few words begin with an aspirate **h**; this **h** is also unpronounced, but the article **le** or **la** is used and no elision occurs: **le homard** (*lobster*).

B. With abstract nouns.

> Est-ce que Christine étudie **la** sociologie?
> Non, elle étudie **la** psychologie.

> *Is Christine studying sociology?*
> *No, she's studying psychology.*

C. With titles followed by a proper name.

> Voilà **le** professeur Carnot.
> Ah, oui. Bonjour, professeur Carnot.

> *Here is Professor Carnot.*
> *Oh yes. Hello, Professor Carnot.*

NOTE: When speaking directly to someone, you do not use the definite article.

D. With names of countries.

> Aimes-tu **le** Canada?
> Oui, j'aime **le** Canada.

> *Do you like Canada?*
> *Yes, I like Canada.*

NOTE: In French, the article is used with all countries. Countries ending in unaccented **-e** are feminine, except **le Mexique** and **le Bengale**. All other endings are masculine.

Exercise

Complete each of the following sentences with the type of noun specified and its definite article.

1. Nous adorons _____ (title).
2. Elle regarde _____ (general noun).
3. Vous ne couvrez pas _____ (general noun).
4. Ils discutent _____ (abstract noun).
5. _____ accueille les voyageurs (name of country).

3. Plural forms

Most French nouns are made plural by adding an **-s** to the singular form.

Singular	*Plural*
la table	les tables
le professeur	les professeurs

A few groups of words follow special rules.

A. Nouns that end in -s or -x in the singular do not change in the plural.

Singular	Plural
le fils	les fils
le prix	les prix

B. The plural of some nouns ends with an -x.

Singular	Plural
le mant**eau**	les mant**eaux**
l'ani**mal**	les ani**maux**

C. A few words have special plural forms.

Singular	Plural
l'œil	les **yeux**
le travail	les **travaux**
le général	les **généraux**
madame	**mes**dames
mademoiselle	**mes**demoiselles
monsieur	**messieurs**

D. Family names do not change in the plural.

    les Dupont   les Smith

Exercise

Give the plural for each of the following nouns.

1. la leçon
2. le prix
3. l'occupation
4. le journal
5. le chapeau
6. monsieur
7. le fils
8. le télégramme
9. madame

4. Forms of adjectives

Adjectives agree with the nouns they modify in number (singular or plural) and gender (masculine or feminine). The rules for making adjectives plural are the same as those governing nouns.

Adjectives can be either masculine or feminine, according to the word they describe or qualify. The feminine ending is always **-e.**

Masculine	Feminine
grand	grande
étroit	étroite
mauvais	mauvaise
rouge	rouge

Sometimes the masculine ending changes before addition of the feminine -e.

Masculine	Feminine	Masculine	Feminine
heureux	heureuse	gentil	gentille
blanc	blanche	long	longue
attentif	attentive	gros	grosse
cruel	cruelle	gras	grasse
parisien	parisienne	violet	violette
dernier	dernière		

A few adjectives have extra masculine forms for use before masculine singular nouns beginning with vowels.

Masculine		Feminine
beau	**bel**	belle
nouveau	**nouvel**	nouvelle
vieux	**vieil**	vieille

Nous détestons **le nouvel** administrateur.   We hate the new administrator.
Jeanine aime **le bel acteur.**   Jeanine likes the handsome actor.

Exercise

Complete the following phrases by adding the correct form of the definite article and the adjective.

1. _le_ téléphone _noir_
   ___ table ___
   ___ manteaux ___
   ___ chaises ___
2. _le_ professeur _attentif_
   ___ étudiante ___
   ___ docteurs ___
   ___ infirmières ___
3. _le_ monsieur _original_
   ___ dame ___
   ___ hommes ___
   ___ femmes ___
4. _le_ travail _difficile_
   ___ réponse ___
   ___ livres ___
   ___ responsabilités ___

5. Position of adjectives

A. In French, almost all descriptive adjectives follow the nouns they modify.

>Pierre examine **le livre bleu**.   *Peter is examining the **blue** book.*
>
>**La femme charmante** accepte le questionnaire.   *The **charming** woman accepts the questionnaire.*

B. Some short descriptive adjectives usually precede the noun.

autre	gros	même
beau	haut	nouveau
bon	jeune	petit
chaque	joli	plusieurs
dernier	long	premier
grand	mauvais	vieux

>**Le vieux médecin** examine le dossier.   *The **old** doctor examines the file.*
>
>Jean-Paul regarde **la jeune fille**.   *Jean-Paul looks at the **young** girl.*
>
>J'étudie **chaque jour**.   *I study **every day**.*

Exercise

A. Rewrite the following sentences, adding the adjective in parentheses.

1. J'aime le short.   (blanc)
2. Nous regardons la maison.   (beau)
3. Jean-Pierre gagne un prix.   (bon)
4. Vous détestez les garçons.   (sportif)
5. Ils étudient une leçon.   (long)

6. The indefinite article

The French indefinite article is the equivalent of *a*, *an*, and *some* in English. It has a masculine, feminine, singular, and plural form.

	Masculine	*Feminine*
Singular	**un** homme	**une** femme
Plural	**des** hommes	**des** femmes

ATTENTION! *Some* is often not stated in English, but **des** must be stated in French.

La secrétaire cherche une lettre. — *The secretary is looking for a letter.*

Un étudiant distribue des questionnaires. — *A student is distributing (some) questionnaires.*

NOTE: **De** + *noun* is used in French as the equivalent of two English nouns, when the first English noun functions as an adjective.

some math *lessons* = **des** leçons **de** mathématiques
article noun noun   article noun   noun
     (as adjective)   (as adjective)

Nous étudions une leçon **de** sociologie. — *We are studying a **sociology** lesson.*

Louise chante une chanson **de** jazz. — *Louisa is singing a **jazz** song.*

Exercise

Complete each of the following sentences with the French equivalent of the words in parentheses.

J'étudie <u>une</u> <u>leçon</u>.

1. ___ ___ une leçon. (we study)
2. Nous étudions ___ ___. (some lessons)
3. ___ ___ des leçons. (Paul studies)
4. Paul étudie ___ ___. (a book)
5. ___ ___ un livre. (You study, plural)
6. Vous étudiez ___ ___. (some books)
7. ___ ___ des livres. (I study)
8. J'étudie ___ ___. (a lesson)

7. The irregular verbs **accueillir, ouvrir,** and **offrir**

The verbs **accueillir** (*to welcome*), **ouvrir** (*to open*), **offrir** (*to offer*), and their compounds are the same in the present tense as **-er** verbs.

Le professeur ouvre la porte. — *The teacher opens the door.*

Les étudiants accueillent l'acteur. — *The students welcome the actor.*

Nous découvrons un télégramme dans le livre. — *We discover a telegram in the book.*

Tu offres un beau prix. — *You are offering a handsome prize.*

The following verbs are conjugated in the same manner:

accueillir: **cueillir** (*to gather*)

ouvrir: **couvrir** (*to cover*)
découvrir (*to discover*)

offrir: **souffrir** (*to suffer*)

Exercise

Ask your partner three questions using the new verbs. Exchange roles.

Vocabulary

NOUNS

l'**acteur** (*m.*) actor
l'**administrateur** (*m.*) administrator
l'**animal** (*m.*) animal
le **Canada** Canada
la **chaise** chair
la **chanson** song
le **chapeau** hat
le **chèque** check
l'**étudiant** (*m.*) student
l'**étudiante** (*f.*) student
le **fils** son
le **garçon** boy
le **général** general
l'**heure** (*f.*) hour
le **homard** lobster
l'**infirmier** (*m.*) nurse
l'**infirmière** (*f.*) nurse
le **jazz** jazz
le **jour** day
le **journal** newspaper
la **leçon** lesson
le **livre** book
la **maison** house
le **manteau** coat
les **mathématiques** (*f. pl.*) math
le **médecin** doctor
l'**occupation** (*f.*) occupation
l'**œil** (*m.*) eye (*pl.* **les yeux**)
la **porte** door
le **prix** price, prize
la **psychologie** psychology
le **short** shorts
la **table** table
la **télévision** television
le **travail** work
l'**université** (*f.*) university
le **voyageur** traveler

VERBS

accueillir to welcome
adorer to love, to adore
aimer to like
chanter to sing
couvrir to cover
cueillir to gather, to pick
découvrir to discover
détester to hate
gagner to win
offrir to offer
ouvrir to open
souffrir to suffer

ADJECTIVES

attentif(ve) attentive
autre other
beau, bel, belle handsome, beautiful
blanc(he) white
bleu(e) blue

bon(ne) good
chaque each
charmant(e) charming
cruel(le) cruel
dernier(ière) last
difficile difficult
étroit(e) narrow
gentil(le) nice
grand(e) tall, big
gras(se) fat
gros(se) fat
haut(e) high
heureux(se) happy
jeune young
joli(e) pretty

long(ue) long
mauvais(e) bad
même same
nouveau, nouvel, nouvelle new
parisien(ne) Parisian
petit(e) little, small
plusieurs several
premier(ière) first
rouge red
sportif(ve) athletic
vieux, vieil, vieille old
violet(te) violet, mauve, purple

USEFUL EXPRESSIONS

voilà there is, there are

3

1. Present indicative of the irregular verb **être**
2. Possessive adjectives
3. Possession with **de**
4. Contractions with **de**
5. Contractions with **à**
6. Present indicative of the irregular verb **aller**

1. Present indicative of the irregular verb être

Être (*to be*) is an irregular verb. Its forms in the present tense are as follows:

Present Tense of être (*to be*)	
Je **suis** jeune.	*I am young.*
Tu **es** jeune.	*You are young.*
Il ⎫	*He, it* ⎫
Elle ⎬ **est** jeune.	*She, it* ⎬ *is young.*
On ⎭	*One* ⎭
Nous **sommes** jeunes.	*We are young.*
Vous **êtes** jeune(s).	*You are young.*
Ils ⎫ *all male* **sont** jeunes.	*They are young.*
Elles ⎭ *All female*	

Observe that adjectives used to describe the subject of **être** (**je, elle, nous,** etc.) always agree with the subject in number and gender.

Elle est **grande**. *She is tall.*
Nous sommes **intelligents**. *We are smart.*

ATTENTION! When you describe people by naming their profession (nurse, lawyer, etc.) with the verb **être**, omit the article.

Nous sommes étudiants. *We are students.*
Je suis avocat. *I am a lawyer.*

Exercises

A. Choose a partner. Use the following adjectives to describe each of the people indicated in the exercise. Exchange roles.

grand	gentil	vieux	joli
intelligent	bon	petit	cruel
beau	gros	jeune	

Model: Elle est **belle**.

1. yourself
2. your instructor
3. your partner
4. your parents
5. your partner and yourself

B. Repeat the preceding exercise, but make your statements negative by adding **ne ... pas.**

C. Describe the following persons according to their profession. Use the pronouns **ils** or **elles**.

People who . . .

1. defend criminals
2. study French
3. examine teeth
4. heal the sick
5. teach French
6. fly planes
7. take shorthand
8. deliver mail
9. cook food
10. write books

2. Possessive adjectives

	Forms of the Possessive Adjectives		
	Singular		*Plural*
	Masculine	*Feminine*	*Masculine / Feminine*
my	**mon**	**ma**	**mes**
your	**ton**	**ta**	**tes**
his, her, its	**son**	**sa**	**ses**
our	**notre**	**notre**	**nos**
your	**votre**	**votre**	**vos**
their	**leur**	**leur**	**leurs**

NOTE: Possessive adjectives agree in number and gender with the nouns they modify. They agree with the thing possessed, not the person possessing it.

    sa mère   ***his*** *mother,* ***her*** *mother*
    son père   ***her*** *father,* ***his*** *father*

ATTENTION! Feminine nouns beginning with a vowel use the masculine adjective.

Parlez-vous à **votre** femme?
Non, je parle à **mon** professeur.

*Are you talking to **your** wife?*
*No, I'm talking to **my** teacher.*

Déteste-t-il **mon** amie?
Non, il ne déteste pas **ton** amie.

*Does he hate **my** friend?*
*No, he doesn't hate **your** friend.*

Nos photos sont belles, n'est-ce pas?
Oui, elles sont belles.

Our *photos are beautiful, aren't they?*
Yes, they're beautiful.

Exercises

A. Read each of the following sentences aloud, changing the italicized expressions to the singular or plural form as necessary. If necessary, change the verb form also.

> Model: Le médécin regarde *son livre.*
> Le médécin regarde **ses livres.**

1. J'aime *mon professeur.*
2. Paul préfère *vos livres.*
3. *Leur enfant* n'aime pas le coca-cola.
4. Marguerite demande *son crayon.*
5. *Nos dossiers* sont sur la table.

B. Complete each of the following sentences with any appropriate possessive adjective.

1. ____ fils sont intelligents.
2. Je n'aime pas ____ travail.
3. Etudiez-vous ____ leçon?
4. Le directeur discute ____ solution.
5. ____ billets ne sont pas à ____ maison.

3. Possession with de

De + *a noun* also expresses possession. This structure is the equivalent of the English *'s* + *a noun* (*John's book, the girl's friend, the doctor's conversation*).

Voilà le livre **de** Paul.	*There is Paul's book.*
Voilà les crayons **de** Marie.	*There are Mary's pencils.*

4. Contractions with de

When **de** is used with **le** or **les**, the two words combine to produce **du** and **des:**

> de + le = du (*of the*)
> de + les = des (*of the*)

La and **l'** do not require any new form:

> de la   (*of the*)
> de l'   (*of the*)

Il regarde les billets **du** voyageur	*He is looking at the traveler's tickets.*
Les crayons **du** garçon sont bleus.	*The boy's pencils are blue.*
Voici le dossier **de la** dame.	*Here is the woman's file.*

ATTENTION! With proper nouns no article is used.

Voilà l'ami **de** Jacques.	*There is James' friend.*

Exercise

Complete the following sentences.

1. Je suis ___ ___ ___ ___.	*I am the director's secretary.*
2. Elle regarde ___ ___ ___ ___.	*She is looking at Paul's photo.*
3. ___ ___ ___ ___ est vide.	*The teacher's chair is empty.*
4. ___ ___ ___ ___ ne sont pas sur la table.	*The students' books are not on the table.*
5. Est-ce que ___ ___ ___ ___ ___ ___ ___?	*Is Mr. Sand's house red?*

5. Contractions with à

À (*to, at*) also contracts with **le** and **les** to form **au** and **aux**:

> à + le = au (*to the, at the, in the*)
> à + les = aux (*to the, at the, in the*)

La and **l'** do not require any new form:

à la (*to the, at the, in the*)
à l' (*to the, at the, in the*)

Nous sommes à l'hôtel.	*We're at the hotel.*
Je parle **au** professeur.	*I'm talking to the teacher.*
Ils ne travaillent pas à **la** bibliothèque.	*They don't work at the library.*
Téléphones-tu **aux** parents des enfants?	*Are you phoning the children's parents?*

ATTENTION! With proper nouns no article is used.

Elle donne le livre à Micheline.	*She is giving the book to Micheline.*

Exercise

Complete each of the following sentences with the correct form of **à** and the definite article.

1. Nous parlons _____ amis du professeur Chardin.
2. Il arrive _____ heure.
3. Les étudiants étudient _____ bibliothèque.
4. Nous parlons _____ président.
5. Les docteurs travaillent _____ hôpital.

6. Present indicative of the irregular verb **aller**

The verb **aller** (*to go*) is irregular; its forms in the present tense are as follows:

Present Tense of **aller** (*to go*)	
Je **vais** au cinéma.	*I go (am going, do go) to the movies.*
Tu **vas** au cinéma.	*You go (are going, do go) to the movies.*
Il ⎫ Elle ⎬ **va** au cinéma. On ⎭	*He, it* ⎫ *She, it* ⎬ *goes (is going, does go) to the movies.* *One* ⎭
Nous **allons** au cinéma.	*We go (are going, do go) to the movies.*
Vous **allez** au cinéma.	*You go (are going, do go) to the movies.*
Ils ⎫ **vont** au cinéma. Elles ⎭	*They go (are going, do go) to the movies.*

| Où **vont** M. Dumont et son fils? | *Where **are** Mr. Dumont and his son **going**?* |
| M. Dumont et son fils **vont** au concert. | *Mr. Dumont and his son **are going** to the concert.* |

Exercise

Work with a partner. Ask and respond to the questions based on the model.

Model: Est-ce que je **vais** à la bibliothèque?
*Oui, tu **vas** à la bibliothèque.*

1. tu . . . ?   Oui, . . .
2. nous . . . ?   Non, . . .
3. elle . . . ?   Oui, . . .
4. ils . . . ?   Oui, . . .
5. on . . . ?   Non, . . .
6. vous . . . ?   Non, . . .

Vocabulary

NOUNS
l'**ami(e)** (*m. and f.*)   friend
l'**auteur** (*m.*)   author
l'**avocat(e)** (*m. and f.*)   lawyer
la **bibliothèque**   library
le **cinéma**   movie
le **concert**   concert
le **crayon**   pencil
le **cuisinier**   cook
la **cuisinière**   cook
le (la) **dentiste**   dentist
le **directeur**   manager
la **directrice**   manager
l'**enfant** (*m. and f.*)   child
le **facteur**   mailman
la **femme**   wife, woman
l'**hôpital** (*m.*)   hospital
la **mère**   mother
le **parent**   relative (*pl.*   parents)

le **père**   father
le **pilote**   pilot
le **président**   president

VERBS
aller   to go
arriver   to arrive
être   to be
préférer   to prefer

ADJECTIVES
intelligent(e)   intelligent
vide   empty

PREPOSITIONS
sur   on

USEFUL EXPRESSIONS
à l'heure   on time
voici   here is, here are

4

1. Interrogative adjectives
2. Telling time
3. Some helpful time expressions
4. Present indicative of the irregular verb **avoir**
5. Expressions with **avoir**

1. Interrogative adjectives

The interrogative adjective **quel** meaning *what?* follows the regular rule for the agreement of adjectives.

Quelle jolie robe! Et **quelles** chaussures!	*What a pretty dress! And what shoes!*
S'il vous plaît, Madame, **quel** est le prix de la robe?	*Please, madam, what is the price of the dress?*
500 francs, Mademoiselle.	*500 francs, Miss.*
Et les chaussures?	*And the shoes?*
425 francs, Mademoiselle.	*425 francs, Miss.*
Oh là là! Quels prix! Merci, Madame. J'aime les vêtements, mais je n'aime pas les prix.	*Oh, my! What prices! Thank you, madam. I like the clothes, but not the prices.*

Interrogative Adjectives			
	Singular	*Plural*	
Masculine	quel	quels	what?
Feminine	quelle	quelles	what?

Observe the following points in the conversation above:

A. The use of **quel** to form an exclamation:

Quelle jolie robe!	*What a pretty dress!*
Et **quelles** chaussures!	*And what shoes!*
Quels prix!	*What prices!*

B. With the verb **être**, **quel** may be separated from the word it actually modifies:

Quel est le prix de la robe?	*What is the price of the dress?*

Exercise

Supply the correct form of **quel** in each blank.

1. _____ robe aime-t-elle?
2. _____ est votre nom?
3. _____ livres!
4. _____ chaussures désirez-vous, Madame?
5. _____ médecin est-ce que vous cherchez?
6. _____ jolie femme!

2. Telling time

Quelle heure est-il?	*What time is it?*
Il est six heures, n'est-ce pas?	*It's six o'clock, isn't it?*
Non, il est **six heures vingt-cinq.**	*No, it's six twenty-five.*

To express time, the expression **il est ___ heures ___** is always used. First give the hour:

Il est dix heures.   *It is 10:00.*

Then give the minutes:

Il est dix heures dix-huit.	*It is 10:18.*
Il est dix heures trente-cinq.	*It is 10:35.*
Il est dix heures cinquante.	*It is 10:50.*

NOTE: To express time beyond a half hour (e.g., 10:50), you may either give the minutes after the hour or subtract the minutes from the next hour:

Il est dix heures **cinquante** (10:50).
Il est onze heures **moins dix** (*10 minutes of 11*).

ATTENTION! You must use an extra word **moins** (*minus*) in the second example.

To express time in quarter-hour segments, there are three special expressions:

Il est dix heures **et quart.**	*It is 10:15.*
Il est dix heures **et demie.**	*It is 10:30.*
Il est onze heures **moins le quart.**	*It is 10:45.*

NOTE: Memorize the three expressions: **et quart, et demie, moins le quart.**

There are two special expressions to express 12 noon and 12 midnight:

Il est midi.	*It is noon.*
Il est minuit.	*It is midnight.*
Il est minuit et demi.	*It is half-past midnight.*
Il est midi douze.	*It is 12 minutes after noon.*
Il est minuit et quart.	*It is quarter-past midnight.*

To express A.M. and P.M., add the following expressions (except with **midi** and **minuit**):

du matin   *in the morning*
de l'après-midi   *in the afternoon*
du soir   *in the evening*

Il est dix heures **du soir.**	*It is 10 P.M.*
Il est dix heures vingt-cinq **du matin.**	*It is 10:25 A.M.*

ATTENTION! In French there are two ways of expressing time in the P.M. You may either follow the American system of dividing the twenty-four-hour period into two twelve-hour segments (1 A.M.–12 noon; 1 P.M.–midnight) or use the European system of the twenty-four-hour clock (1 A.M.–24 P.M.). To use this European system, simply subtract 12 from the time given beyond 12 noon to arrive at the American equivalent (1–12 = A.M.; 13–24 = P.M.).

Il est dix-huit heures.	It is 6 P.M. (18–12 = 6)
Il est vingt-deux heures quarante-cinq.	It is 10:45 P.M.

The twenty-four-hour clock is frequently used in conversation and is always used on official timetables such as railroads and airlines and in TV listings.

Exercise

Choose a partner; take turns asking each other «Quelle heure est-il?» and answering with the times given below. Use the twenty-four-hour clock for the italicized entries.

1. 10:18 A.M.
2. *6:25 P.M.*
3. 11:03 P.M.
4. 2:41 A.M.
5. *12:30 P.M.*
6. 12 noon
7. *1:15 P.M.*
8. 8:29 A.M.
9. 9:45 A.M.
10. *3:10 P.M.*
11. 7:13 A.M.
12. 4:33 A.M.
13. *6:50 P.M.*
14. 12 midnight
15. 5:13 A.M.

3. Some helpful time expressions

Observe the following expressions; you will use them frequently in talking about time. Most of them could be considered simply new vocabulary words; however, pay close attention to words or expressions that apparently have the same meaning but that are different in their application.

tôt / tard	early / late (*in the day or night*)
en avance / en retard	early / late (*in reference to a person or thing*)
à l'heure	on time (*in reference to a person or thing*)

Quelle heure est-il?	What time is it?
Il est cinq heures du matin.	It is five A.M.
Cinq heures du matin! **Il est tôt.**	Five A.M.! **It's early.**
À quelle heure Jean-Pierre arrive-t-il en général?	At what time does Jean-Pierre generally arrive?
Il arrive à une heure et quart.	He arrives at quarter-past one.
Il arrive maintenant. **Il est en avance.**	Here he is now. **He's early.**

À quelle heure rentres-tu ce soir, Claudine?	*What time are you going home tonight, Claudine?*
Je rentre **très tard.**	*I'm going home **very late.***
À quelle heure?	*At what time?*
À onze heures.	*At eleven.*
Pourquoi si tard?	*Why so late?*
Parce que **le train n'est pas à l'heure aujourd'hui. Il est en retard.**	*Because **the train isn't on time today. It's late.***

combien de fois	how many times (*number of times*)
combien de temps	how much time (*block of time*)

Combien de fois par semaine allez-vous au cinéma?	***How many times** a week do you go to the movies?*
Je vais au cinéma **trois fois** par semaine.	*I go to the movies **three times** a week.*
Combien de temps demande-t-il pour examiner le dossier?	***How much time** is he asking for in order to study the files?*
Il demande **quatre jours.**	*He's asking for **four days.***

passer	to pass	(*the passage of time*)
	to spend	
durer	to last	(*the duration of time*)

Aujourd'hui **le temps passe vite,** n'est-ce pas?	***Time is passing quickly** today, isn't it?*
Oui, parce que nous sommes heureux.	*Yes, because we're happy.*
Combien de temps dure cette classe?	*How long does this class **last**?*
Elle dure cinquante minutes.	***It lasts** fifty minutes.*

Exercises

A. Imagine that you are in an airport waiting for a friend to arrive. Ask a partner questions to find out if

1. l'avion arrive / à l'heure / en retard / en avance.
2. l'avion arrive / tôt le matin / tard le soir.

B. Imagine that you are in a railroad station to obtain information about train schedules. Ask a partner the following questions:

1. Combien de fois par semaine le train va-t-il à Berlin?
2. Combien de temps dure le voyage?
3. Si le temps passe vite dans le train?

4. Present indicative of the irregular verb **avoir**

Avoir (*to have*) is an irregular verb. Its forms in the present tense are as follows:

Present Tense of **avoir**	
J'**ai** un stylo.	*I have a pen.*
Tu **as** un stylo.	*You have a pen.*
Il ⎫ Elle ⎬ **a** un stylo. On ⎭	*He* ⎫ *She* ⎪ *It* ⎬ *has a pen.* *One* ⎭
Nous **avons** un stylo.	*We have a pen.*
Vous **avez** un stylo.	*You have a pen.*
Ils ⎫ **ont** un stylo. Elles ⎭	*They have a pen.*

Nous **avons** les livres du professeur.	*We have the teacher's books.*
Avez-vous des billets rouges?	*Do you have some red tickets?*
Je n'**ai** pas d'argent.	*I don't have any money.*
Combien de fils **a**-t-elle?	*How many sons does she have?*
Elle **a** trois fils.	*She has three sons.*

Exercise

Rewrite each of the following sentences with the new subject. Then read them aloud.

Model: Vous **avez** quatre photos. Tu . . .
        *Tu **as** quatre photos.*

1. J'ai cinq dossiers. Il . . .
2. Pauline a la réponse. Marc et Jacques . . .
3. As-tu mon livre? ____-nous . . . ?
4. Nous avons un professeur intelligent. Vous . . .
5. Elles n'ont pas de billets. Je . . .

5. Expressions with **avoir**

Many useful idiomatic expressions are formed with the verb **avoir**.

avoir l'air	*to seem*
avoir . . . ans	*to be . . . years old*
avoir besoin de	*to need*
avoir froid	*to be cold*
avoir chaud	*to be warm, hot*

avoir envie de	*to want*
avoir faim	*to be hungry*
avoir soif	*to be thirsty*
avoir raison	*to be right*
avoir tort	*to be wrong*
avoir sommeil	*to be sleepy*
avoir peur de	*to be afraid of*

ATTENTION! The verb *to be* appears in the English equivalent of most of these expressions. You must memorize the French expressions, or you will fall into the trap of trying to give an exact equivalent and producing an expression that has no meaning in French.

Exercise

A. Answer the following questions, first in the affirmative and then in the negative.

1. Avez-vous faim?
2. A-t-il peur?
3. As-tu sommeil?
4. A-t-elle vingt ans?
5. Est-ce que le professeur a chaud?
6. Est-ce que j'ai raison?
7. Avons-nous froid?
8. Ont-ils tort?
9. Est-ce que Pauline a soif?
10. Vous avez trente-cinq ans?

Vocabulary

NOUNS

l'**argent** (*m.*)   money
l'**avion** (*m.*)   airplane
la **chaussure**   shoe
la **classe**   class
la **fois**   time
le **franc**   franc (*unit of money*)
le **matin**   morning
la **minute**   minute
le **prix**   price
la **robe**   dress
la **semaine**   week
le **soir**   evening
le **stylo**   pen
le **temps**   time, weather
le **train**   train
le **vêtement**   clothing
le **voyage**   trip

VERBS

avoir   to have
avoir ___ **ans**   to be ___ years old
avoir besoin de   to need
avoir chaud   to be warm
avoir envie de   to want
avoir faim   to be hungry
avoir froid   to be cold
avoir honte de   to be ashamed of
avoir l'air   to seem, to appear to be
avoir peur de   to be afraid
avoir raison   to be right
avoir soif   to be thirsty
avoir sommeil   to be sleepy
avoir tort   to be wrong
désirer   to desire

durer to last
passer to pass, to spend (*time*)
rentrer to come back, to go home

ADVERBS

maintenant now
si so
tard late
tôt early
très very
vite fast, quickly

USEFUL EXPRESSIONS

à l'heure on time
combien de fois? how many times?
combien de temps? how much time?
en avance early
en retard late
parce que because
pourquoi? why?

5

1. Present tense of regular **-ir** and **-re** verbs: le présent
2. Present tense of regular **-ir** verbs like **partir**
3. The irregular verbs **boire, vouloir,** and **pouvoir**
4. The partitive: **de**
5. Expressions of quantity

1. Present tense of regular -ir and -re verbs: le présent

Regular verbs ending in **-ir** are conjugated like **finir**. Regular verbs ending in **-re** are conjugated like **attendre**.

Present Tense of **finir** (to finish)	
Je **finis** la leçon.	*I finish (am finishing, do finish) the lesson.*
Tu **finis** la leçon.	*You finish (are finishing, do finish) the lesson.*
Il ⎫ Elle ⎬ **finit** la leçon. On ⎭	*He ⎫ She ⎬ finishes (is finishing, does finish) the It ⎬ lesson. One ⎭*
Nous **finissons** la leçon.	*We finish (are finishing, do finish) the lesson.*
Vous **finissez** la leçon.	*You finish (are finishing, do finish) the lesson.*
Ils ⎫ Elles ⎬ **finissent** la leçon.	*They finish (are finishing, do finish) the lesson.*

NOTE:

- Stem = infinitive − ir
- Endings = **is, is, it, issons, issez, issent**

Present Tense of **attendre** (to wait for)	
J'**attends** l'autobus.	*I wait for (am waiting for, do wait for) the bus.*
Tu **attends** l'autobus.	*You wait for (are waiting for, do wait for) the bus.*
Il ⎫ Elle ⎬ **attend** l'autobus. On ⎭	*He ⎫ She ⎬ waits for (is waiting for, does wait for) It ⎬ the bus. One ⎭*
Nous **attendons** l'autobus.	*We wait for (are waiting for, do wait for) the bus.*
Vous **attendez** l'autobus.	*You wait for (are waiting for, do wait for) the bus.*
Ils ⎫ Elles ⎬ **attendent** l'autobus.	*They wait for (are waiting for, do wait for) the bus.*

NOTE:

- Stem = infinitive − re
- Endings = **s, s, d / t, ons, ez, ent**

Some other common verbs that follow these same patterns are:

choisir (*to choose*)	rendre (*to give back*)
descendre (*to come down*)	répondre (*to answer*)
entendre (*to hear*)	réussir (*to succeed*)
réfléchir (*to think about*)	vendre (*to sell*)

2. Present tense of regular -ir verbs like partir

A small group of verbs share characteristics of both -ir (infinitive) and -re (endings) verbs in the present tense. They are conjugated like **partir**.

Present Tense of **partir** (to go away, to leave)	
Je **pars** de Paris.	*I leave (am leaving, do leave) Paris.*
Tu **pars** de Paris.	*You leave (are leaving, do leave) Paris.*
Il / Elle / On **part** de Paris.	*He / She / It / One leaves (is leaving, does leave) Paris.*
Nous **partons** de Paris.	*We leave (are leaving, do leave) Paris.*
Vous **partez** de Paris.	*You leave (are leaving, do leave) Paris.*
Ils / Elles **partent** de Paris.	*They leave (are leaving, do leave) Paris.*

NOTE:

- Stem: For the *singular* forms, drop the last three letters of the infinitive; for the *plural* forms, drop the last two letters.
- Endings = s, s, d / t, ons, ez, ent

Verbs that follow this pattern are:

courir *(to run)*	sentir *(to feel, to smell)*
dormir *(to sleep)*	servir *(to serve)*
mentir *(to lie)*	sortir *(to go out, to leave)*

Exercises

A. Repeat each of the following sentences, making the indicated substitutions.

1. Je sors de la maison. (Simone, nous, ils, tu, la dame)
2. La petite fille choisit un livre. (je, vous, elles, le professeur, nous)
3. Nous entendons la musique. (l'avocat, Paul et Virginie, je, vous, tu)
4. Ma mère sert le dîner. (nous, on, ils, je, vous)
5. Les étudiants répondent à la question. (tu, Marie, nous, je, vous)

B. Repeat Exercise A changing all responses to the negative.

C. Complete these sentences by using one of the following verbs in its present tense form. Use each verb only once.

vendre   servir   rendre   finir   sortir   entendre

1. Je ____ de la maison.
2. Suzanne ____ son livre à Thierry.
3. L'étudiant ____ la leçon.
4. Mes parents ____ leur maison.
5. Vous ____ la musique.
6. Nous ____ le dîner à nos amis.

3. The irregular verbs **boire, vouloir,** and **pouvoir**

The verbs **boire** (*to drink*), **vouloir** (*to want*), and **pouvoir** (*to be able, can*) are irregular in the present tense. Each one has two stems, one for the singular forms and the **ils, elles** form, and a different one for the **nous** and **vous** forms.

Present Tense of **boire** (*to drink*)	
Je **bois** un coca.	*I drink (am drinking, do drink) a coke.*
Tu **bois** un coca.	*You drink (are drinking, do drink) a coke.*
Il / Elle / On **boit** un coca.	*He / She / One drinks (is drinking, does drink) a coke.*
Nous **buvons** un coca.	*We drink (are drinking, do drink) a coke.*
Vous **buvez** un coca.	*You drink (are drinking, do drink) a coke.*
Ils / Elles **boivent** un coca.	*They drink (are drinking, do drink) a coke.*

NOTE: **Boire** has regular **-re** verb endings.

> **Bois**-tu deux ou trois bières le soir? — *Do you drink two or three beers in the evening?*
> Je **bois** deux bières le soir. — *I drink two beers in the evening.*

Present Tense of **vouloir** (*to want, to wish*)	
Je **veux** une pomme.	*I want (am wanting, do want) an apple.*
Tu **veux** une pomme.	*You want (are wanting, do want) an apple.*
Il / Elle / On **veut** une pomme.	*He / She / One wants (is wanting, does want) an apple.*
Nous **voulons** une pomme.	*We want (are wanting, do want) an apple.*
Vous **voulez** une pomme.	*You want (are wanting, do want) an apple.*
Ils / Elles **veulent** une pomme.	*They want (are wanting, do want) an apple.*

NOTE:

- **Vouloir** has irregular endings in the **je** and **tu** forms: **-x, -x**. The rest of the endings are the same as regular **-re** verbs.

  > **Veut**-elle ma robe blanche? — *Does she want my white dress?*
  > Non, elle **veut** ta robe bleue. — *No, she wants your blue dress.*

- **Vouloir** is frequently followed by an infinitive.

  > **Veux-tu danser,** Jean-Marie? — *Do you want to dance, Jean-Marie?*
  > Oui, Gabrielle, je veux **danser**. — *Yes, Gabrielle, I would like to dance.*

Present Tense of **pouvoir** (*to be able, can*)	
Je **peux** attendre.	*I can wait, am able to wait.*
Tu **peux** attendre.	*You can wait, are able to wait.*
Il / Elle / On **peut** attendre.	*He / She / One can wait, is able to wait*
Nous **pouvons** attendre.	*We can wait, are able to wait.*
Vous **pouvez** attendre.	*You can wait, are able to wait.*
Ils / Elles **peuvent** attendre.	*They can wait, are able to wait.*

NOTE: **Pouvoir** has the same endings as **vouloir**; **pouvoir** is always followed by an infinitive.

Pouvez-vous répondre à la question?	*Can you answer the question?*
Oui, je **peux répondre** à la question.	*Yes, I can answer the question.*

Exercises

A. Your friend is in a very contrary mood today and contradicts everything you say. Working with a partner, follow the model.

  Model: Tu bois mon vin.
  Non, je ne bois pas ton vin; je bois mon vin.

1. Ils peuvent vendre leur voiture.
2. Nous voulons vos disques.
3. Je bois mon cidre.
4. Judith peut boire ton vin.
5. Vous voulez ma pomme.

4. The partitive: **de**

Some is expressed in French by **de** with the definite article (**le, la, l', les**). *Some* is not always expressed in English, but the partitive *must* be used in French whenever you wish to indicate a quantity or a portion of something. The partitive is frequently used after the verbs **boire** and **vouloir** as well as **manger** (*to eat*) and **prendre** (*to take*). Its use is, of course, not limited to these verbs.

Forms of the Partitive			
	Singular		*Plural*
Masculine	**du** coca	*some coke*	**des** champignons *some mushrooms*
Feminine	**de la** bière	*some beer*	**des** pommes *some apples*

Voulez-vous **du** pain?	*Do you want (some) bread?*
Oui, je veux **du** pain.	*Yes, I want (some) bread.*
Est-ce que Robert prend **du** thé?	*Does Robert take tea?*
Oui, il prend du thé ou **du** café.	*Yes, he takes tea or coffee.*
Veux-tu boire **du** vin ou **de la** bière?	*Do you want to drink wine or beer?*
Je veux boire **de la** bière.	*I want to drink beer.*

ATTENTION! After a negative verb, **de** is used alone (without an article); its meaning is *not (any)* in English.

Mangent-ils **de la** salade?	*Are they eating salad?*
Non, ils ne mangent pas **de** salade.	*No, they're not eating salad.*
Avez-vous **des** livres?	*Do you have **some** books?*
Non, je n'ai pas **de** livres.	*No, I don't have **any** books.*

NOTE: Verbs like **aimer, détester, préférer, adorer** are frequently followed by nouns used in a general sense, indicated by the definite article.

J'aime **le** vin.	*I like wine.*

Exercises

A. Working with a partner, take turns stating that you want or do not want (some of) the following items.

> *Model:* le vin
> Je veux **du** vin.
> *Je ne veux pas **de** vin.*

1. la bière
2. les pommes
3. le fromage
4. la viande
5. les oranges

B. Repeat Exercise A, this time with the verb **boire** and the following items. Use **il** or **elle** as the subject of the verb.

1. la bière
2. le coca
3. l'eau
4. le champagne
5. le vin

5. Expressions of quantity

No article is used after **de** in expressions of quantity; **de** is used even with plural nouns.

Some *adverbs* are used as expressions of quantity:

assez de enough (of)	**peu de** a little (of)
beaucoup de a lot (of), much, many	**plus de** more (of)
combien de? how many (of)?	**trop de** too much (of), too many (of)

ATTENTION! **La plupart des** (*most of*) is an exception to this rule.

La plupart des étudiants sont heureux.

Combien de pommes veux-tu?	*How many apples do you want?*
Je veux trois pommes, s'il te plaît.	*I want three apples, please.*
Est-ce que tu as **assez de** champagne?	*Do you have **enough** champagne?*
J'ai **très peu de** champagne mais **beaucoup de** bière.	*I have **very little** champagne, but **a lot of** beer.*

NOTE: **Peu de** is used with nouns that can be counted. Either **peu de** or **un peu de** can be used with amounts.

Some *nouns* are used as expressions of quantity:

une bouteille de a bottle of	**une livre de** a pound of
une douzaine de a dozen of	**un verre de** a glass of
un kilo de a kilo of	**cent grammes de** 100 grams of
—and any similar expression	

Combien de petits pains voulez-vous?	*How many rolls do you want?*
Je veux **une douzaine de** petits pains.	*I want **a dozen** rolls.*
Est-ce que la dame désire du fromage?	*Does the lady want some cheese?*
Oui, elle veut **cent grammes de** Brie et **une livre de** Roquefort.	*Yes, she wants **100 grams of** Brie and **a pound of** Roquefort.*

Exercises

A. Using a different expression of quantity each time, give five answers to each of the following questions.

1. Combien d'amis as-tu?
2. As-tu assez de temps?
3. Combien de vin boit-il?
4. Mangent-elles du fromage?

B. Answer the following questions in the negative.
1. Avez-vous assez de papier?
2. Prépare-t-il beaucoup de réponses?
3. Veux-tu une douzaine de petits pains?
4. Marianne veut-elle un verre de vin?

Vocabulary

NOUNS
l'**autobus** (*m.*) bus
la **bière** beer
la **bouteille** bottle
le **café** coffee
le (la) **camarade** companion, friend
le **champagne** champagne
le **champignon** mushroom
le **cidre** cider
le **coca** coke
le **dîner** dinner
le **disque** record
la **douzaine** dozen
l'**eau** (*f.*) water
le **fromage** cheese
le **gramme** gram
le **kilo** kilogram
la **livre** pound
la **musique** music
l'**orange** (*f.*) orange
le **pain** bread
le **papier** paper
le **petit pain** roll (bread)
la **pomme** apple
la **question** question
la **salade** salad
le **thé** tea
le **verre** glass
la **viande** meat
le **vin** wine
la **voiture** car

VERBS
attendre to wait for
boire to drink
choisir to choose
courir to run
descendre to come down, to go down, to bring down
dormir to sleep
entendre to hear
finir to finish
mentir to lie
partir to go away, to leave
pouvoir to be able, can
réfléchir à to think about
rendre to give back, to return
répondre to answer
réussir à to succeed in
sentir to feel, to smell
servir to serve
sortir to go out, to leave
vendre to sell
vouloir to wish, to want

ADVERBS
assez de enough of
beaucoup de a lot of
combien de how much of, how many of
un peu de a little of, few
plus de more
trop de too much, too many

USEFUL EXPRESSIONS
cent grammes de 100 grams of
un kilo de a kilo of
une livre de a pound of
la plupart des most

Test Yourself: Chapters 1–5

Chapter 1

A. Subject pronouns

Give the plural of each of the following pronouns:

1. il
2. je
3. tu
4. elle

B. Present indicative of **-er** verbs

Item substitutions. Make the necessary changes in each of the following sentences.

1. Nous téléphonons à Monique.
2. Tu ____.
3. ____ à Pierre.
4. ____ pensez à Paul.
5. Je ____.
6. Elle ____.
7. ____ regardes la photo.
8. Ils ____.
9. Nous ____.
10. ____ examinez ____.
11. Il ____.
12. Elles ____.

C. Interrogative sentences / Negative sentences

Make each of the following sentences interrogative, (1) with **n'est-ce pas**, (2) with **est-ce que**, (3) by inversion. Then make the sentences negative.

1. Vous parlez français.
2. Elles préparent le dossier.
3. Nous entrons dans le restaurant.
4. Le professeur discute le problème.
5. Tu travailles à Paris.

D. Gender

Give the definite article for each of the following words.

1. ____ chèque
2. ____ situation
3. ____ lettre
4. ____ dossier
5. ____ réponse
6. ____ commencement
7. ____ projet
8. ____ profession
9. ____ homme
10. ____ dame
11. ____ ville
12. ____ téléphone
13. ____ rue
14. ____ réponse
15. ____ nom

E. Cardinal numbers (0–1000)

Provide answers for the following equations (+: plus; −: moins; =: font)

1. neuf − quatre =
2. vingt + trente et un =
3. trois + cent cinquante-huit =
4. neuf cent quatre-vingt-deux + dix-huit =
5. seize + quatre + six + quarante =
6. vingt − douze =
7. cinq cent dix − quatre cent quatre-vingt-dix-neuf =
8. trois cent trois − quatre + cinquante =
9. deux + douze − dix + huit − trois − cinq =
10. soixante dix-sept − quarante-neuf =

Chapter 2

A. Definite articles

Complete each of the following sentences with the type of noun specified. Choose the word from the following list:

la France   la difficulté
le professeur   les chapeaux

1. Pierre regarde ____. (*title*)
2. Nous adorons ____. (*general noun*)
3. Elles aiment ____. (*name of country*)
4. Le directeur étudie ____. (*abstract noun*)

B. Plural forms (nouns and adjectives)

Make the following expressions plural.

1. le grand prix
2. la bonne réponse
3. le beau livre
4. la maison rouge
5. le petit animal
6. l'œil noir

C. Masculine and feminine of adjectives

Complete each of the following sentences with the correct form of the adjective.

1. Nous regardons la ____ photo. (beau)
2. Les étudiants étudient la ____ leçon. (dernier)
3. Le ____ administrateur pense à la ____ responsabilité. (nouveau, gros)
4. La ____ fille gagne un ____ prix. (petit, bon)

D. Position of adjectives

Rewrite each of the following sentences adding the adjective in parentheses.

1. Marie-Louise déteste le manteau. (nouveau)
2. Ils cherchent des livres. (rouge)
3. La femme gagne trois prix. (sportif)
4. Marc donne la réponse. (premier)
5. J'aime la maison. (nouveau)

E. Indefinite article

Complete each of the following sentences with the plural form of the word in parentheses.

1. Vous donnez ____. (une réponse)
2. Nous accueillons ____. (un voyageur)
3. François étudie ____. (un livre de chimie)
4. J'écoute ____. (un professeur de français)

F. Verbs **accueillir, ouvrir, offrir,** and similar verbs

Rewrite the following sentences substituting the words in parentheses for the subject shown and changing the verb to agree with each new subject.

1. Nous ouvrons le livre. (Paulette, ils, je, tu, vous, nous)
2. Je cueille des fleurs. (Marc et François, nous, tu, elle, vous)
3. Elle ne souffre pas. (je, nous, ils, tu, vous)

Chapter 3

A. Present indicative of être

Complete each of the following sentences with the correct form of être.

1. Il ____ intelligent.
2. Je ____ médecin.
3. Nous ____ heureux.
4. Vous ____ célèbre.
5. Elles ____ gentilles.
6. Elle ____ avocate.
7. Tu ____ jeune.
8. Ils ____ beaux.

B. Possessive adjectives

Change each of the following sentences into singular or plural forms as necessary.

1. mes leçons
2. vos chapeaux
3. ma télévision
4. mon amie
5. notre université
6. leurs chaises
7. ton fils
8. ses shorts
9. nos journaux
10. sa lettre

C. Possession with **de** / Contractions with **de**

Write a sentence for each group of words. Follow the model:

Model: Marcel / chercher / le livre / Paul
Marcel cherche le livre de Paul.

1. Nous / regarder / les photos / l'étudiante.
2. Le dossier / la dame / être / sur / la chaise.
3. Nous / examiner / le questionnaire / les étudiants.
4. Le chapeau / le professeur / être / beau.
5. Vous / ouvrir / le télégramme / l'administrateur.

D. Contractions with à

Complete the following sentences with **à** or a form of **à** with the definite article.

1. Je pense ____ étudiants.
2. Elle téléphone ____ Louisette.
3. Nous parlons ____ administrateur.
4. Tu n'es pas ____ hôtel Crillon.
5. Vous donnez les billets ____ dame.

E. Present indicative of **aller**

Change each of the following sentences as indicated by the new subjects.

1. Nous allons au restaurant. (je, ils, elle)
2. Tu vas au concert. (elles, vous, il)

Chapter 4

A. Interrogative adjectives

Complete each of the following sentences with the correct form of **quel.**

1. ____ avion regardes-tu?
2. ____ heure est-il?
3. ____ manteaux aimez-vous?
4. ____ robes désire-t-elle?
5. ____ prix!
6. ____ est le nom du livre?

B. Telling time

Answer each of the following questions using the time in parentheses.

1. À quelle heure rentres-tu? (9 P.M.)
2. À quelle heure va-t-elle à l'université? (11:15 A.M.)
3. À quelle heure regardez-vous la télévision? (7:30 P.M.)
4. À quelle heure l'avion de New York arrive-t-il? (20:12)
5. À quelle heure allons-nous au restaurant ce soir? (7:40 P.M.)

C. Some helpful time expressions

Complete these sentences with one of the words in the following list:

à l'heure   passe   dure   en retard

1. Le temps ____ vite dans un avion.
2. Le train arrive ____.
3. Le professeur arrive à neuf heures. Il est ____.
4. Le film ____ une heure vingt minutes.

D. Present indicative of **avoir** / Expressions with **avoir**

Give a negative response to each of the following questions.

1. As-tu froid?
2. Avons-nous envie de chanter?
3. Est-ce que j'ai tort?
4. Avez-vous soif?
5. A-t-elle chaud?

Chapter 5

A. Present tense of **-ir** and **-re** verbs / Present tense of **-ir** verbs like **partir**

Rewrite each of the following sentences substituting the words in parentheses for the italicized words.

1. *J'*entends la musique. (elle, vous, ils)
2. *Vous* choisissez un livre. (Adrienne, tu, nous)
3. *Tu* dors bien. (ils, vous, l'enfant)

B. Present tense of **boire, vouloir, pouvoir**

Complete each of the following sentences with the verb in parentheses.

1. Nous ____ une bière. (boire)
2. Georges ne ____ pas répondre. (pouvoir)
3. La dame ____ un kilo de viande. (vouloir)
4. Tu ____ beaucoup de vin. (boire)
5. Nous ne ____ pas aller au restaurant. (vouloir)

C. The partitive: **de**

Rewrite each of the following sentences substituting the words in parentheses for the italicized words.

1. L'étudiant boit *du champagne*. (le vin, la bière, l'eau)
2. Je veux *du fromage*. (la viande, les pommes, le coca)
3. Tu aimes *le fromage*. (le champagne, la viande, les oranges)
4. Vous ne voulez pas *de vin*. (les livres, la salade, le pain)

D. Expressions of quantity

Answer each of the following questions using the expression in parentheses.

1. Combien d'amies as-tu?   (beaucoup)
2. A-t-il assez de bière?   (trop)
3. Combien de pommes sont bonnes?   (la plupart)
4. Combien de viande voulez-vous?   (cent grammes)

6

1. Present tense of the irrregular verb **faire**
2. Uses of **faire**
3. Comparison of adjectives
4. Comparison of irregular adjectives
5. **Aller** + the infinitive: the near future
6. The irregular verbs **mettre** and **prendre**

1. Present tense of the irregular verb **faire**

The verb **faire** (*to make, to do*) is irregular. Its forms in the present tense are as follows:

faire (*to make, to do*)	
Je **fais** mes devoirs.	*I do (am doing, do do) my homework.*
Tu **fais** tes devoirs.	*You do (are doing, do do) your homework.*
Il / Elle / On **fait** ses devoirs.	*He / She / One does (is doing, does do) his / her / one's homework.*
Nous **faisons** nos devoirs.	*We do (are doing, do do) our homework.*
Vous **faites** vos devoirs.	*You do (are doing, do do) your homework.*
Ils / Elles **font** leurs devoirs.	*They do (are doing, do do) their homework.*

Ma mère **fait** la cuisine. *My mother **does** the cooking.*
Je **fais** un tricot. *I **am making** a sweater.*

Exercise

Complete each of the following sentences with the correct form of the verb **faire**.

1. Mes parents ___ des sacrifices.
2. Tu ___ des économies.
3. Elles ne ___ pas de bêtises.
4. Ma petite sœur ___ ses devoirs.
5. ___-nous une meringue ou un soufflé?

2. Uses of **faire**

In French, the verb **faire** is used to describe weather or atmospheric conditions. It is always used with **il**, which means *it* or *the weather* (**le temps**).

Weather Expressions	
Quel temps fait-il?	*What is the weather like?*
Il fait beau.	*It's beautiful.*
Il fait froid / chaud / frais.	*It's cold / hot / cool.*
Il fait du soleil.	*It's sunny.*
Il fait gris.	*It's overcast.*
Il fait nuit.	*It's dark.*
Il fait mauvais.	*The weather's bad.*
Il fait jour.	*It's daylight.*

NOTE: In the expression **il fait du soleil,** the noun is used with the partitive; the negative is **pas de.**

Special Weather Expressions	
Il pleut.	*It's raining.*
Il neige.	*It's snowing.*

NOTE: The verb **faire** is not used in these expressions, which are formed from the verbs **pleuvoir** and **neiger.**

The verb **faire** is also used to indicate certain activities.

Fais-tu du tennis?	*Do you play tennis?*
Danielle fait de l'anglais.	*Danielle is studying English.*
Nous faisons du piano.	*We play the piano.*
Ils ne font pas de politique	*They're not active in politics.*

NOTE: The partitive is used in these expressions. The negative is **pas de.**

ATTENTION! **Faire,** in any tense, followed by an infinitive, has the special meaning *to have something done, to cause something to happen.*

Mon frère **fait cuire** du pain.	*My brother is baking bread. (making bread bake)*
Nous **faisons attendre** le taxi.	*We are making the taxi wait.*

Exercise

Choose a partner. Ask each other questions using the verb **faire** and the following words. Add any missing words.

1. le sport
2. le piano
3. froid
4. la danse
5. le vent
6. clair
7. le français
8. beau
9. le golf

3. Comparison of adjectives

A. In French, the comparative of adjectives is formed by placing **plus** (*more*) or **moins** (*less*) before the adjective and **que** after it:

plus + adjective + **que**
moins + adjective + **que**

In this construction, **que** is the equivalent of the English *than.*

Véronique est belle, n'est-ce pas?	*Veronica is beautiful, isn't she?*
Oui, mais je suis **plus belle** qu'elle.	*Yes, but I'm **more beautiful** than she.*

Est-ce que votre frère a beaucoup d'argent?
Oui, mais il est **moins riche que** ma sœur.

Does your brother have a lot of money?
*Yes, but he's **less wealthy than** my sister.*

B. In an equal comparison **aussi . . . que** is used:

aussi + adjective + **que**

In this construction both **aussi** and **que** mean *as*.

Est-ce que tous vos enfants sont grands?
Oui, mes filles sont **aussi grandes que** mes fils.

Are all your children tall?
*Yes, my daughters are **as tall as** my sons.*

C. The superlative construction is similar to the comparative. It is formed by placing the correct definite article (**le, la, les**) before the comparative of the adjective and **de** after the person or thing (noun) being described.

le (la, les) plus + adjective + noun + **de**
le (la, les) moins + adjective + noun + **de**

When the adjective follows the noun, the definite article must be used twice: once to modify the noun and once as part of the superlative of the adjective.

le (la, les) noun + **le (la, les) plus** + adjective + **de**
le (la, les) noun + **le (la, les) moins** + adjective + **de**

In this construction, **de** is the equivalent of the English preposition *in*.

Indiquez la personne **la plus intelligente de** cette classe.
Mon ami est la personne **la plus intelligente de** cette classe.

*Point out **the smartest** person **in** this class.*
*My friend is **the smartest** person **in** this class.*

Choisissez les mots **les plus difficiles du** vocabulaire.
«Le tricot» et «la bêtise» sont les mots **les plus difficiles du** vocabulaire.

*Choose **the most difficult** words **in** the vocabulary list.*
*"Sweater" and "foolishness" are **the most difficult** words **in** the vocabulary list.*

4. Comparison of irregular adjectives

The adjectives **bon(ne)** (*good*) and **mauvais(e)** (*bad*) have irregular comparative and superlative forms in French.

	Comparative		*Superlative*	
bon(ne)	meilleur(e)	better	le (la) meilleur(e)	best
	moins bon(ne)	less good	le (la) moins bon(ne)	the least good
	aussi bon(ne)	as good		
mauvais(e)	pire	worse	le (la) pire	the worst
	plus mauvais(e)		le (la) plus mauvais(e)	
	moins mauvais(e)	less bad	le (la) moins mauvais(e)	the least bad
	aussi mauvais(e)	as bad		

Où habite votre **meilleur** ami? — *Where does your best friend live?*

Mon **meilleur** ami habite à Paris. — *My best friend lives in Paris.*

L'histoire de M. Portel est **pire** que mon histoire. — *Mr. Portel's story is worse than mine.*

Oui, son histoire est **pire**. — *Yes, his story is worse.*

Exercise

Complete the following sentences with the correct forms of the comparative or superlative of the adjective. (Remember to place the adjective correctly in relation to the noun.)

1. C'est ___ (*the easiest lesson in*) ce livre.
2. Annie est ___ (*taller than*) Sylvia.
3. J'ai ___ (*the best lawyer in*) ce bureau.
4. Les devoirs de Marc sont ___ (*less difficult than*) mes devoirs.
5. Ma réponse est ___ (*as correct as*) votre réponse.
6. (*The most beautiful girl*) ___ n'a pas de petit ami.
7. Je suis ___ (*less tired than*) mon frère.
8. Vous n'êtes pas ___ (*a worse student than*) moi.
9. Notre professeur est ___ (*the least happy teacher in*) l'université.

5. **Aller** + the infinitive: the near future

The present tense of **aller** and the infinitive are used to express future time. This construction is sometimes called the near future and is equivalent to the English expression *to be going to (do something)*. The formula is:

present tense of **aller** + infinitive = near future

Je **vais parler** français. — *I'm going to speak French.*
Tu **vas voyager** demain. — *You're going to travel tomorrow.*
Il **va acheter** une chemise. — *He's going to buy a shirt.*
Nous **allons aller** au cinéma. — *We're going to go to the movies.*

Vous **allez téléphoner** au restaurant.
*You're **going to phone** the restaurant.*

Elles **vont discuter** le problème à la réunion.
*They're **going to discuss** the problem at the meeting.*

This form is very easy to use. It permits you to expand your communication ability to include both *present* and *future time* while using only the *present tense* of the verb **aller**.

Exercises

A. Choose a partner. Practice the near future with each other by changing the subjects as indicated in the following sentences.

1. Tu vas perdre l'argent. (vous, je, elle, nous)
2. Le médecin va examiner le malade. (tu, elle, je, vous)
3. Les étudiants vont parler allemand. (je, nous, tu, elles)

B. List on paper five things you are going to do today. Exchange papers with your partner, correct, read each other's list aloud; remember to change the subject from **je** to **il** or **elle**.

6. The irregular verbs **mettre** and **prendre**

The verbs **mettre** (*to put, to put on*) and **prendre** (*to take*) are irregular in the present tense. **Mettre** has two different stems, one for the singular forms and one for the plural forms. **Prendre** has three stems, one for the singular forms, one for the **nous** and **vous** forms, and a third one for the **ils** form.

Present Tense of **mettre** (*to put, to place*)	
Je **mets** le couvert.	*I set (am setting, do set) the table.*
Tu **mets** le couvert.	*You set (are setting, do set) the table.*
Il / Elle / On **met** le couvert.	*He / She / One sets (is setting, does set) the table.*
Nous **mettons** le couvert.	*We set (are setting, do set) the table.*
Vous **mettez** le couvert.	*You set (are setting, do set) the table.*
Ils / Elles **mettent** le couvert.	*They set (are setting, do set) the table.*

NOTE: The following verbs are conjugated like **mettre**: **admettre** (*to admit*), **commettre** (*to commit*), **promettre** (*to promise*), **permettre** (*to permit*).

Quand **mettez**-vous un pull? *When do you put on a sweater?*
Je **mets** un pull quand il fait froid. *I put on a sweater when it's cold.*

Present Tense of **prendre** (to take)	
Je **prends** du vin.	I take (am taking, do take) some wine.
Tu **prends** du vin.	You take (are taking, do take) some wine.
Il } Elle } **prend** du vin. On }	He } She } takes (is taking, does take) some wine. One }
Nous **prenons** du vin.	We take (are taking, do take) some wine.
Vous **prenez** du vin.	You take (are taking, do take) some wine.
Ils } Elles } **prennent** du vin.	They take (are taking, do take) some wine.

The following verbs are conjugated like **prendre**: **apprendre** (to learn), **comprendre** (to understand), **surprendre** (to surprise).

Prennent-ils le petit déjeuner très tôt?   *Do they eat breakfast very early?*

Non, ils **prennent** le petit déjeuner à 8h.30.   *No, they eat breakfast at 8:30.*

Exercises

A. You are packing for a picnic. Using the following list, indicate the items you would or would not put in the picnic basket.

   Model: la voiture
   Je ne mets pas la voiture dans le panier.

   1. le pain
   2. le soleil
   3. le vent
   4. de la viande
   5. du vin
   6. la moutarde
   7. les devoirs
   8. de la bière
   9. le cinéma
   10. le saucisson

B. Repeat Exercise A changing the subject to **vous**.

C. State whether or not friends would take the following items with them when the weather is cold.

   Model: un chapeau
   Ils prennent un chapeau.

   1. un tricot
   2. un piano
   3. une chemise
   4. une bouteille de vin
   5. une bouteille de coca

Vocabulary

NOUNS

l'**allemand** (*m.*)   German
la **bêtise**   foolishness
le **brouillard**   fog
le **bureau**   office
la **chemise**   shirt
la **cuisine**   cooking, kitchen
la **danse**   dance
les **devoirs** (*m. pl.*)   homework
les **économies** (*f. pl.*)   savings
la **fille**   girl
le **fils**   son
le **frère**   brother
le **golf**   golf
l'**histoire** (*f.*)   story
le (la) **malade**   sick person, patient
le **mot**   word
la **moutarde**   mustard
la **nuit**   night
la **personne**   person
le **petit ami**   boyfriend
la **petite amie**   girlfriend
le **petit déjeuner**   breakfast
le **piano**   piano
la **politique**   politics
le **pull (le pullover)**   sweater
la **réunion**   meeting
le **sacrifice**   sacrifice
le **saucisson**   salami, sausage
la **sœur**   sister
le **soleil**   sun
le **sport**   sport
le **taxi**   taxi
le **tennis**   tennis
le **tricot**   sweater
le **vent**   wind
le **vocabulaire**   vocabulary

VERBS

acheter   to buy
admettre   to admit
apprendre   to learn
commettre   to commit
comprendre   to understand
cuire   to cook
faire   to make, to do
habiter   to live
il neige   it's snowing
il pleut   it's raining
indiquer   to indicate, to point out
mettre   to put, to place
mettre le couvert   to set the table
perdre   to lose
permettre   to permit
prendre   to take
promettre   to promise
surprendre   to surprise
voyager   to travel

ADJECTIVES

chaud(e)   warm
claire   clear
correct(e)   correct, right
difficile   difficult
facile   easy
fatigué(e)   tired
frais, fraîche   crisp, fresh
riche   rich

ADVERBS

aussi   also
beaucoup de   a lot of
demain   tomorrow
quand   when

7

1. The command form of the verb (imperatives)
2. **Il y a / il n'y a pas de**
3. **Voici / voilà**
4. Possessive pronouns
5. The irregular verb **venir**
6. **Venir** + **de** + the infinitive: the recent past

1. The command form of the verb (imperatives)

As in English, the imperative mood expresses a command or a request. It is formed from the present tense of the verb and never has a subject.

Present Tense	*Imperative*
Tu **choisis** tes amis.	**Choisis** tes amis!
*You **choose** your friends.*	***Choose** your friends!*
Nous **chantons** ensemble.	**Chantons** ensemble!
*We are **singing** together.*	*Let's **sing** together!*
Tu **rends** les livres.	**Rends** les livres!
*You **give back** the books.*	***Give back** the books!*
Vous ne **vendez** pas la maison.	Ne **vendez** pas la maison!
*You're not **selling** the house.*	*Don't **sell** the house!*
Tu **restes** à la maison.	**Reste** à la maison!
*You **stay** at home.*	***Stay** home!*

NOTE:
- As indicated in the last example (**Reste**), the final -s of the **tu** form of **-er** verbs (or verbs conjugated like them) disappears in the imperative form.
- To make a command negative, place **ne** before the verb, **pas** after it.

Avoir and **être** have irregular command forms.

avoir	*être*
aie	sois
ayons	soyons
ayez	soyez

Savoir and **vouloir** also have irregular forms (see Chapter 5 and 8); all other verbs have regular imperative forms.

Exercises:

A. Direct a fellow student to perform five actions (**tu** form).

B. Direct two or more students to perform three actions (**vous** form).

C. Invite one or more students to do three things with you (**nous** form).

D. Change each of the following sentences to commands.

1. Nous ne finissons pas la leçon.
2. Vous avez du courage.
3. Marc, tu ne marches pas vite.
4. Nous sommes à l'heure.
5. Vous attendez la réponse.

2. Il y a / il n'y a pas de

Il y a indicates that persons or things are located in a particular place. It is the equivalent of the two English expressions *there is, there are*.

Il y a trois garçons dans l'autobus.	*There are* 3 boys in the bus.
Il y a un restaurant en face de la gare.	*There is* a restaurant across from the station.
Il n'y a pas d'uniformes dans le magasin.	*There aren't* any uniforms in the store.

3. Voici / voilà

These two words are used to show persons and things; they might actually be accompanied by the gesture of pointing.

Voici mon frère.	*Here is* my brother.
Voilà le stylo.	*There is* the pen.
Voici des disques.	*Here are* some records.

Either expression may be used to mean *here is / are* or *there is / are*. These words are never negative or interrogative.

Exercises

A. Using **il y a,** state how many of each of the following persons or objects are in your classroom.

1. ___ disques
2. ___ professeur
3. ___ livres
4. ___ chaises
5. ___ messieurs
6. ___ table
7. ___ sandwich
8. ___ fenêtres
9. ___ téléphones

B. Using **voici / voilà**, point to and name five persons or objects.

4. Possessive pronouns

Possessive Pronouns			
Masculine	*Feminine*	*Plural*	*Meaning*
le mien	la mienne	les miens / les miennes	mine
le tien	la tienne	les tiens / les tiennes	yours
le sien	la sienne	les siens / les siennes	his, hers, its
le nôtre	la nôtre	les nôtres	ours
le vôtre	la vôtre	les vôtres	yours
le leur	la leur	les leurs	theirs

NOTE: The article combines with **à** and **de: au mien, des nôtres.**

Possessive pronouns are used to replace nouns or nouns modified by possessive adjectives. Observe the difference in the following sentences:

J'ai **mon livre**.	J'ai **le mien**.
Il a **votre cahier**.	Il a **le vôtre**.
Nous voyons **ta voiture**.	Nous voyons **la tienne**.
Elles ne désirent pas **nos adresses**.	Elles ne désirent pas **les nôtres**.

Note that the possessive pronouns agree exactly in number and gender with the word(s) they replace. That is, they agree with the thing possessed not with the person possessing.

Paul aime **sa cravate**.	*Paul likes **his necktie**.*
Paul aime **la sienne**.	*Paul likes **his**.*
Est-ce que Marie a **son livre** ou **ton livre**?	*Does Mary have **her book** or **your book**?*
Elle a **le sien**.	*She has **hers**.*

Exercises

A. Replace each of the following expressions with a possessive pronoun.

1. mes amis
2. vos livres
3. ton père
4. notre crayon
5. sa fille
6. leur cahier
7. ta voiture
8. nos professeurs
9. mon amie

B. Complete each of the following sentences with a possessive pronoun.

1. Mon livre est plus intéressant que ____.
2. Annie a son examen et ____.
3. Le professeur parle à ma mère et ____.
4. Nous parlons de notre maison; nos voisins parlent de ____.

5. The irregular verb **venir**

The present tense of the verb **venir** (*to come*) is irregular.

Present Tense of **venir** (*to come*)	
Je **viens** avec Paul.	*I come (am coming, do come) with Paul.*
Tu **viens** avec Paul.	*You come (are coming, do come) with Paul.*
Il / Elle / On **vient** avec Paul.	*He / She / One comes (is coming, does come) with Paul.*
Nous **venons** avec Paul.	*We come (are coming, do come) with Paul.*
Vous **venez** avec Paul.	*You come (are coming, do come) with Paul.*
Ils / Elles **viennent** avec Paul.	*They come (are coming, do come) with Paul.*

NOTE: The following verbs are conjugated like **venir: appartenir** (*to belong*), **devenir** (*to become*), **obtenir** (*to obtain*), **revenir** (*to return*), **tenir** (*to hold*).

Nous **venons** rendre visite à ma mère.	*We are coming to visit my mother.*
Elle **vient** chez nous le dimanche.	*She comes to our house every Sunday.*

Exercise

Complete the following sentences with the correct form of **venir, devenir, revenir,** or **tenir.**

1. Hélène ____ la main de sa mère.
2. Elles ____ attendre le père.
3. Le père ____ de Californie dans le train.
4. La petite fille ____ très gaie quand son père arrive.

6. Venir + de + the infinitive: the recent past

The present tense of the verb **venir** followed by **de** and an infinitive expresses an action that has just happened; this combination is the equivalent of the expression *to have just.*

Nous **venons d'apprendre** le verbe *venir.*	*We have just learned the verb venir.*
Claire et Pierre **viennent de terminer** le dîner.	*Claire and Pierre just finished dinner.*
Je **viens d'écrire** une lettre.	*I have just written a letter.*

This special construction allows you to expand your communication ability to include the *recent past.*

Exercises

A. Write three things that have happened to you recently; then read them aloud.

B. Change each of the following sentences to the recent past.

1. Elle choisit un sandwich.
2. Vous vendez des journaux.
3. Je parle à mon directeur.
4. Tu rends visite à mon frère.
5. Nous écrivons une lettre.

Vocabulary

NOUNS

l'**adresse** (*f.*) address
le **cahier** notebook
le **courage** courage
la **cravate** necktie
l'**examen** (*m.*) test
la **fenêtre** window
la **gare** station
le **magasin** store
la **main** hand
le **partitif** partitive
le **sandwich** sandwich
l'**uniforme** (*m.*) uniform
le **verbe** verb
le (la) **voisin(e)** neighbor

VERBS

appartenir to belong
devenir to become
écrire to write
obtenir to obtain
rendre to give back
rendre visite à to visit someone
rester to stay
revenir to come back
venir to come

ADJECTIVES

gai(e) gay, happy
intéressant(e) interesting

ADVERBS

ensemble together
vite quickly, fast

PREPOSITIONAL PHRASE

en face de opposite, across from

USEFUL EXPRESSIONS

il y a there is, there are
il n'y a pas de there isn't, there aren't

8

1. Interrogative sentences
2. Direct object pronouns
3. The irregular verbs **connaître** and **savoir**
4. Formation of adverbs
5. Comparison of adverbs
6. Position of adverbs

1. Interrogative sentences

You have already learned three simple ways of asking a question in French: raising your voice at the end of the sentence, adding **n'est-ce pas** at the end of the sentence, adding **est-ce que** to the beginning of the sentence. The answer expected for these three kinds of questions is *yes* or *no*. Any question, no matter what answer may be expected, can be asked by simply exchanging the positions of the verb and pronoun subject.

Questions by Inversion	
Aimez-vous le coca-cola?	*Do you like coca-cola?*
Pourquoi **vas-tu** au cinéma?	*Why are you going to the movies?*
Choisit-il le livre bleu ou rouge?	*Is he choosing the blue or red book?*
À quelle heure **vendent-ils** le pain?	*At what time do they sell bread?*

NOTE:

- In the inverted form of the question, the letter **-t-** is added between the verb and the subject in the third-person singular (**il, elle, on**) of all **-er** verbs.

    Parle-t-on français ici?   *Do people speak French here?*
    Oui, on parle français ici.   *Yes, French is spoken here.*

    Regarde-t-elle la télévision?   *Is she watching TV?*
    Non, elle ne regarde pas la télévision.   *No, she isn't watching TV.*

- This is also necessary for other verbs that do not end in a **-t** or a **-d** in the third-person singular, for example, **aller** and **avoir**.

    Va-t-il au restaurant?   *Is he going to the restaurant?*
    Oui, il va au restaurant.   *Yes, he's going to the restaurant.*

- A noun subject does not follow the verb in the inverted form of the question; instead, a pronoun subject is added after the verb.

    Le professeur donne-t-il de bonnes notes?   *Does the professor give good grades?*
    Non, il ne donne pas de bonnes notes.   *No, he doesn't give good grades.*

- The **je** form is seldom inverted: **est-ce que** is used instead.

    Est-ce que je chante faux?   *Am I singing off key?*
    Oui, tu chantes faux.   *Yes, you're singing off key.*

To make the question negative, **ne ... pas** is added.

Pourquoi **ne vas-tu pas** au cinéma?   *Why aren't you going to the movies?*
Parce que je n'ai pas d'argent.   *Because I have no money.*

Observe the position of the negative words: **ne** appears before the verb, **pas** after the pronoun subject.

ATTENTION! **Parce que** (*because*), which answers the question **Pourquoi?** (*Why?*), is used before a clause (subject and verb). The following expressions are used only before *nouns:* **grâce à** (*thanks to*) introduces a "good" reason; **à cause de** (*on account of*) precedes a "bad," or negative reason. Study these examples.

Pourquoi as-tu tellement d'argent?	*Why do you have so much money?*
Parce que ma mère est riche.	*Because my mother is rich.*
Grâce à ma mère: elle est riche.	*Thanks to my mother; she's rich.*
Pourquoi Mathieu a-t-il mal à la tête?	*Why does Matthew have a headache?*
Parce qu'il vient d'avoir un accident de bicyclette.	*Because he was just in a bicycle accident.*
À cause de son accident de bicyclette.	*On account of his bicycle accident.*

Exercises:

A. Change each of the following statements to questions.

1. Elle parle à son meilleur ami.
2. Nous vendons de la bière.
3. Je suis très heureux.
4. Le banquier et sa femme rendent visite à leur fils.
5. Tu rougis toujours.

B. Change each of the sentences in Exercise A to questions beginning with **pourquoi**. Ask your partner to answer them.

2. Direct object pronouns

The forms of the direct object pronouns are as follows:

Singular		Plural	
me / m'	me	nous	us
te / t'	you	vous	you
le / l'	him, it	les	them
la / l'	her, it		

In French, direct object pronouns are placed before the verb. Study the following examples carefully.

Marc choisit **le livre.**	*Mark is choosing the **book.***
Marc **le** choisit.	*Mark is choosing **it.***

Nous n'avons pas **votre montre**.	*We don't have your **watch**.*
Nous ne **l'**avons pas.	*We don't have **it**.*
Aimez-vous **le vin et le champagne**?	*Do you like **wine and champagne**?*
Les aimez-vous?	*Do you like **them**?*

NOTE:

- The direct object pronoun always agrees in number and gender with the word it replaces.
- **Le, la** becomes **l'** before a verb beginning with a vowel (see Example 2 above).

Exercises

A. Complete each of the following sentences with an appropriate direct object pronoun.

1. Je ne ___ donne pas à mon frère.
2. Les étudiantes ___ aiment beaucoup.
3. Nous ___ attendons.

B. Rewrite each of the following sentences replacing the italicized words with direct object pronouns.

1. Tu regardes le *professeur*.
2. Vous finissez *les leçons*.
3. Avez-vous *mon stylo et le vôtre*.
4. On respecte *le médecin*.

3. The irregular verbs **connaître** and **savoir**

In French, two irregular verbs mean *to know*, but with a very important distinction: **connaître** (*to know, to be acquainted with*) and **savoir** (*to know as a fact, to know how*).

connaître	
Je **connais** Philippe.	*I know Philip.*
Tu **connais** Philippe.	*You know Philip.*
Il ⎫	He ⎫
Elle ⎬ **connaît** Philippe.	She ⎬ *knows Philip.*
On ⎭	One ⎭
Nous **connaissons** Philippe.	*We know Philip.*
Vous **connaissez** Philippe.	*You know Philip.*
Ils ⎫ **connaissent** Philippe.	*They know Philip.*
Elles ⎭	

	savoir	
Je **sais** chanter.		*I know how to sing.*
Tu **sais** chanter.		*You know how to sing.*
Il ⎫ Elle ⎬ **sait** chanter. On ⎭		He ⎫ She ⎬ *knows how to sing.* One ⎭
Nous **savons** chanter.		*We know how to sing.*
Vous **savez** chanter.		*You know how to sing.*
Ils ⎫ **savent** chanter. Elles ⎭		*They know how to sing.*

ATTENTION! The imperative of **savoir** is irregular: **sache, sachons, sachez.**

NOTE:

- **connaître** is normally used with people and places; **savoir** is always used when an infinitive or clause follows.
- The following verbs are conjugated like **connaître: paraître** (*to appear*) and **reconnaître** (*to recognize*).

Exercise

Add the correct form of **savoir** or **connaître** to each of the following sentences.

1. Nous ____ New York.
2. Je ne ____ pas l'heure.
3. Le pianiste ____ jouer au piano.
4. Vous ____ le restaurant.
5. ____-tu où Paul habite?

4. Formation of adverbs

Most adverbs are formed by adding **-ment** to the feminine form of the adjective (or the masculine form if it ends in a vowel). The **-ment** corresponds to the English *-ly*.

heureuse	**heureusement**	naturelle	**naturellement**
douce	**doucement**	objective	**objectivement**
lente	**lentement**	poli	**poliment**

EXCEPTIONS: gentil **gentiment**
bref **brièvement**

A few adverbs have **é** in place of **e** before **-ment**.

| précis | **précisément** | confus | **confusément** |
| énorme | **énormément** | profond | **profondément** |

Adjectives ending in **-ant** or **-ent** form the adverb by changing the endings to **-amment** and **-emment**.

    intelligent **intelligemment**   patient **patiemment**
    élégant **élégamment**   récent **récemment**
    constant **constamment**

NOTE: Not all adverbs are derived from adjectives:

    bon **bien**   meilleur **mieux**
    mauvais **mal**   petit **peu**

Exercise

Change each of the following adjectives to adverbs

1. sincère
2. mauvais
3. seul
4. profond
5. innocent
6. vrai
7. naturel
8. gentil
9. subjectif
10. puissant
11. doux
12. long

5. Comparison of adverbs

Like adjectives, adverbs use **plus ... que, moins ... que,** and **aussi ... que** for the comparative. However, adverbs do not have number or gender; therefore they always have the same form.

    Annie parle **lentement**.
    Vous chantez **mieux** que mon frère.

For the superlative, adverbs always use **le**.

    Ils dansent **le plus vite** possible.

6. Position of adverbs

In general, adverbs follow the verb. Do not make the mistake of placing an adverb before the verb, as is frequently done in English.

    Je parle **toujours** à la réunion.   *I always speak at the meeting.*
    Il m'aime **vraiment**.   *He really likes me.*

Adverbs of time and place can be placed at the beginning of the sentence.

    Aujourd'hui, nous étudions sérieusement.
    Ici, on parle bien.

Exercise

Rewrite each of the following sentences, inserting the adverb in parentheses.

1. Le professeur parle en classe. (seulement)
2. Nous attendons l'autobus. (patiemment)
3. L'examen commence. (enfin).

Vocabulary

NOUNS
l'**accident** (*m.*)   accident
le **banquier**   banker
la **bicyclette**   bicycle
la **montre**   watch
la **note**   grade
le **pianiste**   pianist

VERBS
chanter   to sing
chanter faux   to sing off key
connaître   to know, to be acquainted with
paraître   to appear
reconnaître   to recognize
respecter   to respect
rougir   to blush
savoir   to know, to know how

ADJECTIVES
assuré(e)   assured
bref(ève)   brief
confus(e)   confused
constant(e)   constant
doux, douce   sweet
élégant(e)   elegant
énorme   huge
gentil(le)   nice, kind
innocent(e)   innocent
lent(e)   slow
naturel(le)   natural
objectif(ve)   objective
patient(e)   patient

poli(e)   polite
possible   possible
précis(e)   precise
profond(e)   deep
puissant(e)   powerful
seul(e)   only
sincère   sincere
subjectif(ve)   subjective
vrai(e)   true

ADVERBS
assurément   assuredly
bien   well
brièvement   briefly
confusément   confusedly
constamment   constantly
doucement   sweetly, gently
élégamment   elegantly
enfin   finally
énormément   enormously
gentiment   gently, politely
heureusement   happily, fortunately
ici   here
innocemment   innocently
intelligemment   intelligently
lentement   slowly
longuement   at length
mal   poorly
mieux   better
naturellement   naturally
objectivement   objectively
patiemment   patiently

peu little
poliment politely
précisément precisely
profondément profoundly, deeply
puissamment powerfully
sérieusement seriously
seulement only

sincèrement sincerely
subjectivement subjectively
vraiment truly

USEFUL EXPRESSIONS

à cause de on account of
grâce à thanks to

9

1. The irregular verbs **lire, dire,** and **écrire**
2. Indirect object pronouns
3. Direct and indirect object pronouns together
4. Ordinal numbers and their uses
5. **Depuis** and the present tense

1. The irregular verbs **lire, dire,** and **écrire**

These three verbs have irregular plural stems in the present tense. They are used very frequently; learn them well.

Present Tense of **lire, dire, écrire**		
lire (to read)	***dire*** (to say)	***écrire*** (to write)
Je **lis** un poème.	Je **dis** bonjour.	J' **écris** une lettre.
Tu **lis** un poème.	Tu **dis** bonjour.	Tu **écris** une lettre.
Il / Elle / On **lit** un poème.	Il / Elle / On **dit** bonjour.	Il / Elle / On **écrit** une lettre.
Nous **lisons** un poème.	Nous **disons** bonjour.	Nous **écrivons** une lettre.
Vous **lisez** un poème.	Vous **dîtes** bonjour.	Vous **écrivez** une lettre.
Ils / Elles **lisent** un poème.	Ils / Elles **disent** bonjour.	Ils / Elles **écrivent** une lettre.

Note especially the unusual **vous** form of the verb **dire,** which has the same ending as the **vous** form of the verbs **être** and **faire.**

>Que fais-tu?
>Je **lis** attentivement mon livre.
>
>Pourquoi n'**écrivez**-vous pas une lettre à votre patron?
>Parce que je n'**écris** pas bien.
>
>Pourquoi **contredit**-elle sa mère?
>Parce qu'elle n'est pas très polie.

The following verbs are conjugated like **dire: contredire** (*to contradict*), **prédire** (*to foretell*). The **vous** form, however, ends in **-isez.** The following verbs are conjugated like **écrire: décrire** (*to describe*), **inscrire** (*to enroll, to write in*).

ATTENTION! The verbs **dire** and **écrire,** as well as **téléphoner** (Chapter 1), are always followed by **à** before naming the person being addressed (i.e., the indirect object). When this person is also instructed to do something, the infinitive preceded by **de** must be used.

>Je vais **téléphoner à** mon mari **de** préparer le dîner.
>C'est une bonne idée. **Dites**-lui **de** faire une omelette aux champignons.

Exercises

A. Read each of the following sentences carefully; then complete it with the correct form of **lire, dire,** or **écrire.**

1. Vous ____ votre examen.
2. Ils ____ les livres.
3. Tu ____ bonjour à ton professeur.
4. ____-elle le journal?
5. Nous n'____ pas souvent à nos parents.

B. In the following situations, a person is being instructed to do something by someone else. Write an original sentence for each situation, explaining what he or she must do. (Remember to use **dire, écrire,** or **téléphoner** with **de.**)

    Model: what you are writing to your friend to have her do . . .
              J'**écris** à mon amie **de** m'expédier le courrier.

1. what you are writing to Paul to have him do.
2. what Monique is going to tell her secretary to do.
3. what your parents have just telephoned your brother to do.

C. Ask your partner at least five questions using the new verbs. Exchange roles

2. Indirect object pronouns

In French, the indirect object pronoun, like the direct object pronoun, precedes the verb. The indirect object pronoun only replaces à plus a person (**à mon ami**). Observe the following examples carefully.

Le médecin téléphone à son avocat.	The doctor is phoning his lawyer.
Le médecin **lui** téléphone.	The doctor is phoning **him**.
Pourquoi écris-tu **à** tes amies?	Why are you writing (to) your friends?
Pourquoi **leur** écris-tu?	Why are you writing (to) **them**?
Nous posons une question à ma sœur.	We're asking my sister a question.
Nous **lui** posons une question.	We're asking **her** a question.
Vous ne parlez pas **aux** étudiants.	You are not talking to the students.
Vous ne **leur** parlez pas.	You aren't talking **to them**.

NOTE: **lui** means *to him, to her;* **leur** means *to them.*

Me, te, nous, and **vous** are also indirect objects.

Marguerite m'écrit une lettre.	Marguerite is writing a letter **to me**.
Mon père **nous** donne de l'argent.	My father gives **us** some money.
Le standardiste **vous** parle.	The operator is talking **to you**.
Je **te** lis la dernière lettre de Paul.	I'm reading **you** Paul's last letter.

NOTE: **Me, te, nous, vous** may be either direct or indirect object pronouns. Only the pronoun's relation to the verb indicates which grammatical function these pronouns are fulfilling.

Exercises

A. Replace the italicized words with the appropriate indirect object pronouns.

1. Nous ne téléphonons pas souvent *à nos amis*.
2. Elle pose une question importante *au standardiste*.
3. Les enfants obéissent *à leurs parents*.
4. Je vends ma voiture *à mon frère*.
5. Décrivez-vous le problème *à Paul et Marie?*

B. Write four original sentences using the following verbs and indirect object pronouns. Then read each sentence aloud.

1. écrire / me
2. donner / vous
3. lire / nous
4. rendre / te

3. Direct and indirect object pronouns together

When a direct and an indirect object pronoun are used with the same verb, a certain order exists governing which one appears first. Observe the following examples carefully.

Jacques donne **le livre à Paul.**	*James is giving **the book to Paul.***
Jacques **le lui** donne.	*James is giving **it to him.***
Nous expédions **le paquet à nos amis.**	*We are sending **the package to our friends.***
Nous **le leur** expédions.	*We are sending **it to them.***
Tu poses **tes questions au professeur.**	*You ask **the teacher your questions.***
Tu **les lui** poses.	*You ask **him them.***
Pourquoi racontez-vous **l'histoire à Sylvie?**	*Why are you telling **Sylvia the story?***
Pourquoi **la lui** racontez-vous?	*Why are you telling **it to her?***

In these examples, the order is perfectly clear: the direct object (**le, la, les:** *him, her, it, them*) precedes the indirect object (**lui, leur:** *to him, to her, to them*). The six possible combinations are thus: **le lui, le leur; la lui, la leur; les lui, les leur.** Note, however, that all these objects are in the third person. Other rules govern the order of pronouns when first and second person pronouns are used; study the following examples carefully.

Le médecin **me** donne **le médicament.**	*The doctor is giving me the medicine.*
Le médecin **me le** donne.	*The doctor is giving it to me.*

Je **te** lance **le** ballon.	*I throw you the ball.*
Je **te le** lance.	*I throw it to you.*
Vous **nous** vendez **les** journaux.	*You sell us the newspapers.*
Vous **nous les** vendez.	*You sell them to us.*
Nous ne **vous** racontons pas **l'histoire**.	*We're not telling you the story.*
Nous ne **vous la** racontons pas.	*We're not telling it to you.*

Observe that the first and second person pronouns always come first; it does not matter whether they are direct or indirect objects although, in practice, **me, te, nous, vous** are always indirect objects in these combinations. The most frequent combinations, therefore, are as follows:

me le, me la, me les   **nous le, nous la, nous les**
te le, te la, te les   **vous le, vous la, vous les.**

Exercise

A. Rewrite each of the following sentences replacing the italicized words with pronouns.

1. Le professeur donne *le livre à la jeune fille.*
2. Ma mère me prépare *le petit déjeuner.*
3. Vous ne laissez pas *ses papiers à Jacques.*
4. Elles te rendent *les disques.*
5. Les étudiants donnent *le livre aux conférenciers.*
6. La femme lit *la lettre à son mari.*
7. Je lis *le livre à mes enfants.*
8. Vous lisez *le message à votre patron.*

4. Ordinal numbers and their uses

Ordinal numbers are formed by adding **-ième** to cardinal numbers. If the cardinal number ends in silent **e**, the **e** is dropped before adding the suffix. Three numbers have special forms: **premier / première** (*first*), **cinquième** (*fifth*), **neuvième** (*ninth*).

premier, première (1st)	vingtième (20th)
deuxième (2nd)	vingt et unième (21st)
troisième (3rd)	quarante-quatrième (44th)
onzième (11th)	quatre-vingt-dix-septième (97th)
seizième (16th)	centième (100th)
les premiers jours	la première année
la vingt et unième leçon	le dix-huitième dossier

Cardinal numbers are used for dates with the exception of the first day of the month.

    le premier février   le cinq mars

NOTE: *first* = premier / première
       sixty-first = soixante et unième
       ninety-first = quatre-vingt-onzième

Exercise

Complete each of the following sentences with the correct ordinal or cardinal number.

1. C'est aujourd'hui le ___ (*first*) mai.
2. Nous avons notre cours le ___ (*second*), ___ (*fourth*), et ___ (*sixth*) jour de la semaine.
3. Vous allez donner la ___ (*twentieth*) réponse.
4. Mon père vient d'acheter sa ___ (*ninth*) voiture.
5. Nous sommes aujourd'hui le ___ (*twenty-first*) octobre.

5. **Depuis** and the present tense

In French, **depuis** is used with the present tense to indicate an action that began in the past and continues into the present.

    Depuis quand habitez-vous ici?
    J'habite ici **depuis** septembre.

    Depuis combien de temps étudie-t-il le français?
    Il étudie le français **depuis** deux mois.

    Depuis quand attendons-nous le train?
    Nous l'attendons **depuis** 10 heures 30.

NOTE: The two interrogative expressions **depuis quand** and **depuis combien de temps** have distinctly different meanings; each elicits a specific response.

    Question: **Depuis quand?** (*Since when?*)
    Response: A specific moment such as a date, day, time, month.

Depuis quand habitez-vous à Paris?	J'habite à Paris **depuis** le premier juillet.

    Question: **Depuis combien de temps?** (*For how long?*)
    Response: A period of time, a block of time such as an hour, a week, a month, a year.

Depuis combien de temps habite-t-il à Paris?	Il habite à Paris **depuis** trois mois et demi.

ATTENTION! Do not confuse **depuis** and **pendant.** Both words sometimes mean **for,** but each one has a different sense.

- **Depuis** means *for / since*. This meaning indicates that, although the action began in the past, it is still continuing.

  Depuis combien de temps lit-il le journal?
  Il le lit **depuis** dix minutes.

- **Pendant** means *for / during*. This meaning indicates that the action described is not occurring during the present time. It was either completed in the past or will begin and end in the future. When used with the present, it indicates a habitual action.

  Pendant combien de temps vas-tu m'attendre?
  Je vais t'attendre **pendant** vingt minutes.

  Pendant combien de temps vient-elle de parler au téléphone?
  Elle vient de parler au téléphone **pendant** une heure.

  Quand étudie-t-elle?
  Elle étudie **pendant** la soirée.

Exercise

A. Ask the questions that would have elicited the following answers.

1. Je le connais depuis trois ans.
2. Elle l'aime depuis 1980.
3. Ils lisent depuis ce matin.
4. Il pleut depuis une semaine.
5. Tu le cherches depuis le 4 juin.

Vocabulary

NOUNS

le **champignon**   mushroom
le **conférencier**   lecturer
la **conférencière**   lecturer
le **courrier**   mail
le **cours**   course
le **dîner**   dinner
l'**idée** (*f.*)   idea
le **mari**   husband
le **message**   message
l'**omelette** (*f.*)   omelet
le **paquet**   package
le **patron**   boss
la **patronne**   boss
le **poème**   poem
le (la) **standardiste**   telephone operator

VERBS

contredire   to contradict
décrire   to describe
dire   to say
écrire   to write
expédier   to mail
inscrire   to enroll, to write in
laisser   to leave, to let
lire   to read
obéir à   to obey
poser   to ask, to put
prédire   to foretell
raconter   to tell

ADVERBS

attentivement   attentively

10

1. Object pronoun: **y**
2. Object pronoun: **en**
3. Orthographic-changing **-er** verbs
4. Object pronouns with the imperative
5. Demonstrative adjectives
6. The irregular verb **conduire**

1. Object pronoun: y

The pronoun **y** is used in French to replace things or ideas in expressions beginning with **à**; it is never used to replace a person. Study the following examples.

Nous répondons **à la** question.	Nous **y** répondons.
We answer the question.	*We answer it.*
Le candidat pense **au** perfectionnement du système.	Le candidat **y** pense.
The candidate is thinking about improving the electoral system.	*The candidate is thinking about it.*
Les ouvriers participent **aux** réunions du syndicat.	Les ouvriers **y** participent.
The workers participate in the union meetings.	*The workers participate in them.*

Observe that in English (example 1) the word replaced by **y** may actually appear to be a direct object.

Y may also be used as an adverb (*there*); in this case, the word it replaces responds to the question *where* (*où*) asked after the verb.

Je vais **à Paris.**	J'**y** vais.
I'm going to Paris.	*I'm going **there**.*
Nos amis attendent l'autobus **à la gare.**	Nos amis **y** attendent l'autobus.
Our friends are waiting for the bus at the station.	*Our friends are waiting for the bus **there**.*
Les enfants jouent **dans le parc.**	Les enfants **y** jouent.
The children are playing in the park.	*The children are playing **there**.*

Exercise

Read the following sentences aloud, replacing the italicized words with **y**. Indicate whether **y** is a pronoun or an adverb.

1. Nous assistons *à la classe de français.*
2. Les candidats déjeunent *à l'hôtel.*
3. Pensez-vous *aux demandes des ouvriers.*
4. On obéit *aux règles du syndicat.*
5. L'actrice ne va pas *au théâtre.*

2. Object pronoun: en

The pronoun **en** is used in French to replace things or ideas in expressions beginning with **de** or **des / un / une** or a noun preceded by a number. Study the following examples.

Est-ce que les candidats ont **des** idées intéressantes?
Do the candidates have interesting ideas?

Oui, les candidats **en** ont.
*Yes, the candidates have **some**.*

Nous vendons beaucoup **de** billets.
We sell a lot of tickets.

Nous **en** vendons beaucoup.
*We sell a lot **of them**.*

Je parle sérieusement **de** votre devoir.
I am speaking seriously about your duty.

J'**en** parle sérieusement.
*I am speaking seriously **about it**.*

Combien **de** frères avez-vous?
How many brothers do you have?

J'**en** ai trois.
*I have three **of them**.*

Observe that **en** may only be used to replace persons after expressions stating quantity (Example 4).

Exercises

A. Read the following sentences aloud, replacing the italicized expressions with **en**.

1. Le patron a six *ouvriers*.
2. Je n'achète pas trop *de fleurs*.
3. Nous revenons *du cinéma*.
4. Désirez-vous *des questionnaires?*
5. Répètent-elles *trois phrases* ou *cinq phrases?*

B. Rewrite the following sentences, replacing the italicized expressions with either **y** or **en**. Indicate whether they are used as an adverb or a pronoun. Read the sentences aloud.

1. Elles vont *au cinéma*.
2. Nous parlons *du film*.
3. Cherches-tu trois *billets rouges?*
4. Je ne pense pas souvent *aux vacances*.

3. Orthographic changing -er verbs

Some -er verbs change the spelling (orthography) of the stem in the present tense when a change of sound is required (in every person except **nous** and **vous**). These verbs fall into five general groups.

A. Verbs that add a grave accent to the last **e** of the stem: **peser** (*to weigh*)

je **pèse**	nous **pesons**
tu **pèse**	vous **pesez**
il / elle / on **pèse**	ils / elles **pèsent**

Other verbs in this group include:

élever	mener	acheter
lever	promener	geler

All of these verbs have a silent **e** in the syllable before the infinitive ending, e.g., peser.

B. Verbs that change the accent: **espérer** (*to hope*)

j'**espère**	nous **espérons**
tu **espères**	vous **espérez**
il / elle / on **espère**	ils / elles **espèrent**

Other verbs in this group include:

considérer	préférer	répéter
posséder	protéger	suggérer

All of these verbs have an acute **e** (é) in the syllable before the infinitive ending, e.g., esp**é**rer.

C. Verbs that double l or t: **appeler** (*to call*)

j'**appelle**	nous **appelons**
tu **appelles**	vous **appelez**
il / elle / on **appelle**	ils / elles **appellent**

Other verbs in this group include:

épeler	ficeler	jeter	renouveler

All of these verbs have **l** or **t** before the infinitive ending, e.g., appeler.

NOTE: **acheter** follows Rule A and adds an accent: **j'achète, tu achètes, nous achetons. Geler** and several other verbs follow this same pattern; check your dictionary when in doubt.

D. Verbs ending in **-yer** that change **y** to **i** except in the **nous** / **vous** forms of the present tense: **envoyer** (*to send*)

j'**envoie**	nous **envoyons**
tu **envoies**	vous **envoyez**
il </br> elle } **envoie** </br> on	ils </br> elles } **envoient**

Other verbs in this group include:

employer	nettoyer	essuyer
essayer	payer	choyer

All of these verbs have **y** before the infinitive ending, e.g., envoyer.

NOTE: Verbs that end in **-ayer** may keep the **y**, e.g., je paye or je paie.

E. Verbs ending in **-cer** and **-ger** that change **c** to **ç** or **g** to **ge** only in the **nous** form of the present: **avancer** (*to advance*), **manger** (*to eat*)

j'**avance**	nous **avançons**
tu **avances**	vous **avancez**
il </br> elle } **avance** </br> on	ils </br> elles } **avancent**

je **mange**	nous **mangeons**
tu **manges**	vous **mangez**
il </br> elle } **mange** </br> on	ils </br> elles } **mangent**

Other verbs in this group include:

changer	divorcer	nager
commencer	lancer	partager

All of these verbs have **c** or **g** before the infinitive ending; e.g., avancer, manger.

NOTE: For these verbs the only change occurs in the first-person plural (**nous**) of the present tense. The verbs in categories A–D change in all of the singular forms and in the third-person plural (**ils, elles**).

Exercise

Insert the verbs in parentheses into the following sentences.

1. Nous ___ notre dîner. (commencer)
2. Ma mère ___ beaucoup de vêtements. (acheter)
3. Pourquoi mon père ne ___-t-il pas l'addition? (payer)
4. Comment ton frère s'___-t-il? (appeler)
5. Elles ___ une autre réponse. (considérer)

4. Object pronouns with the imperative

Object pronouns with the negative imperative follow the same rules for placement that you have already learned.

    Ne **me le** dîtes pas!   *Don't tell it to me!*

With affirmative commands, the objects follow a special order; in addition, **me** and **te** become **moi** and **toi**.

    direct object / indirect object / **y** / **en**

    Dites-**le-moi**!   *Tell it to me!*
    Aide-**moi**!   *Help me!*
    Achetons-**en**!   *Let's buy some!*

ATTENTION!

- Vas-y!   The **s** is restored to the command form (**tu**) of **aller** before **y**.
- Achètes-en.   The **s** is restored to the command form (**tu**) of **-er** verbs before **y** or **en**.

Exercise

Transform the following statements into commands.

1. Tu me les donnes.
2. Nous ne le finissons pas.
3. Vous y allez.
4. Nous en achetons six.
5. Tu ne les achètes pas.
6. Vous me le rendez.

5. Demonstrative adjectives

Demonstrative adjectives are used to point out or specify persons and things. In English these adjectives are *this, that, these, those*. In French, they correspond to **le, la, l', les**.

	Demonstrative Adjectives	
	Singular	*Plural*
Masculine	**ce** garçon	**ces** garçons
	cet homme	**ces** hommes
Feminine	**cette** femme	**ces** femmes
	cette étudiante	**ces** étudiantes

NOTE. **Cet** is used with *masculine* nouns beginning with a vowel.

Cette université a beaucoup d'étudiants intelligents.
Ces acteurs racontent des histoires intéressantes.
Cet homme est mon professeur.

As you can see in the preceding sentence, it is not clear whether **cette université** means *this university* or *that university*. To avoid this confusion, **-ci** and **-là** can be added to the *noun:*

cette université-**ci**   *this university*
cette université-**la**   *that university*

Exercise

Using the following words, ask a partner whether he / she prefers this ____ or that ____.

Model: les voitures
Préfères-tu **ces voitures-ci** ou **ces voitures-là?**
Je préfère **ces voitures-là.**

1. le professeur
2. l'actrice
3. le médicament
4. la fleur
5. les examens
6. l'homme

6. The irregular verb **conduire**

The verb **conduire** (*to lead, to drive*) is irregular in the present tense; it has an irregular plural stem.

Present Tense of **conduire** (*to lead, to drive*)	
je **conduis**	nous **conduisons**
tu **conduis**	vous **conduisez**
il / elle / on **conduit**	ils / elles **conduisent**

The following verbs are conjugated like **conduire**: **construire** (*to build*), **cuire** (*to cook*), **détruire** (*to destroy*), **produire** (*to produce*), **traduire** (*to translate*).

Savez-vous conduire? *Do you know how to drive?*
Oui. Je **conduis** une voiture de sport. *Yes. I drive a sports car.*

Exercises

A. Write a question for each of the following groups of words. Add any missing words.

1. Construire / ils / maison / ou / garage?
2. Pourquoi / détruire / elle / vêtements?
3. Produire / on / voitures / à / Detroit?
4. Pourquoi / conduire / vous / motocyclette?

B. Ask a partner the questions you created in Exercise A. Check the answers carefully; then change roles.

Vocabulary

NOUNS
l'**actrice** (*f.*) actress
l'**addition** (*f.*) bill
le **candidat** candidate
la **demande** request
le **devoir** duty
le **film** film, movie
la **fleur** flower
le **garage** garage
le **médicament** medicine
la **moto(cyclette)** motorcycle
l'**ouvrier** (*m.*) worker
l'**ouvrière** (*f.*) worker
le **parc** park
le **perfectionnement** improving, perfecting
la **règle** rule
la **réunion** meeting
le **syndicat** trade union
le **système** system
les **vacances** (*f. pl.*) vacation
la **voiture de sport** sports car

VERBS
acheter to buy
aider to help
appeler to call
avancer to advance
changer to alter
changer de to change
choyer to pamper
commencer to begin
conduire to drive, to lead
considérer to consider
construire to construct, to build
cuire to cook
déjeuner to eat lunch
détruire to destroy
divorcer to divorce
élever to bring up
employer to employ
envoyer to send
épeler to spell
espérer to hope
essayer to try

essuyer   to wipe, to dry
ficeler   to tie
geler   to freeze
inscrire   to enroll, to write in, to register
jeter   to throw
jouer   to play
lancer   to throw
lever   to raise
manger   to eat
mener   to lead
nager   to swim
nettoyer   to clean
partager   to share
participer   to participate

payer   to pay
peser   to weigh
posséder   to possess
préférer   to prefer
produire   to produce
promener   to take for a walk
protéger   to protect
renouveler   to renew
répéter   to repeat
suggérer   to suggest
traduire   to translate

ADVERBS

comment   how

Test Yourself: Chapters 6–10

Chapter 6

A. Present tense of **faire** / Uses of **faire**

Write the questions that would have elicited the following answers.

1. Oui, elle fait ses devoirs.
2. Non, il ne fait pas beau.
3. Oui, nous faisons courir le chien.
4. Il fait frais.
5. Oui, ils font du ski.

B. Comparison of adjectives

Write sentences using the following groups of words. Use the comparative or superlative degree of the adjective as indicated by the sign in parenthesis: + : **plus**; − : **moins**; = : **aussi**. Make all necessary changes.

1. Jacqueline / être / grand (+) / sa sœur.
2. Jacqueline / être / grand (+) / fille / la famille.
3. Mes classes / être / bon (+) / tes classes.
4. Nous / discuter / problème / difficile (−) / l'examen.
5. Nos devoirs / être / compliqué (=) / vos devoirs.

C. **Aller** + the infinitive

Rewrite each of the following sentences substituting the word in parentheses for the italicized words.

1. *Philippe* va manger maintenant. (tu, nous, ils)
2. *Nous* n'allons pas répondre au téléphone. (je, elle, vous)
3. *Vas-tu* écouter la radio? (elles, nous, Jacques)

D. Verbs **mettre** and **prendre**

Complete each of the following sentences with the correct forms of the verbs in parentheses.

1. Le matin, je ___ du café. (prendre)
2. Elle ___ un pull. (mettre)
3. Nous ___. (comprendre, *negative*)
4. Ils ___ une réponse aujourd'hui. (promettre)

Chapter 7

A. The command form (imperative)

Give the three command forms for each of the following expressions, first in the affirmative, then in the negative.

1. répondre à la question
2. choisir un livre
3. donner la réponse
4. être sage

B. **Il y a / voici / voilà**

Give the French equivalent for these sentences.

1. There is a newspaper on the table.
2. There are my friends.

C. Possessive pronouns

Replace each of the following expressions with possessive pronouns.

1. mon sandwich
2. leurs disques
3. notre frère
4. à ton secrétaire
5. de mon amie
6. son professeur
7. sur votre chaise
8. à mes parents
9. de tes leçons

D. The verb **venir**

Supply the correct form of the verb in parentheses in each sentence.

1. Nous ___ du théâtre. (revenir)
2. Elle ___ de réponse au téléphone. (obtenir, *negative*)
3. Les enfants ___ très fatigués. (devenir)

E. **Venir + de +** the infinitive: recent past

Using **venir de,** express an action that has just occurred in each of the following sentences.

1. Le directeur regarde le dossier.
2. Nous écoutons la radio.
3. Je vends ma voiture.
4. Vous rougissez.

Chapter 8

A. Interrogative sentences

Change each of the following statements into questions using the inversion form.

1. Il habite à Marseille.
2. Nous ne choisissons pas de film.
3. Elle attend l'autobus.

B. Direct object pronouns

Rewrite each of the following sentences, replacing the italicized words with direct object pronouns.

1. A-t-il *sa montre?*
2. Je fais *mes devoirs.*
3. Nous n'aimons pas *le pain.*
4. M. et Mme Laurent comprennent *le problème.*

C. Verbs **connaître** and **savoir**

Complete the first two sentences with either **connaître** or **savoir**. Use the verb indicated for the third sentence.

1. Nous ne ___ pas le médecin.
2. Marianne ___ toujours donner la bonne réponse.
3. ___-vous mon jeune frère? (reconnaître)

D. Adverbs

Rewrite the following sentences. Change the adjective in parentheses to an adverb and place it correctly in the new sentence.

1. Chantez, s'il vous plaît. (plus doux)
2. La propriétaire répond à ma question. (gentil)
3. Jacqueline connaît Sylvie; Marie-Ange connaît Rosine. (bon: +)

Chapter 9

A. Verbs **lire, dire, écrire**

Answer each of the following questions.

1. Ecris-tu une longue lettre? Oui, . . .
2. Disent-ils toujours la vérité? Non, . . .
3. Lisez-vous attentivement? Oui, . . .
4. Dis-tu souvent à Paul de parler plus lentement? Non, . . .

B. Indirect object pronouns

Answer the following questions, replacing the italicized words with an indirect object.

1. Téléphonez-vous *à vos amis?* Oui, . . .
2. Ecrit-elle une lettre *au professeur?* Non, . . .
3. Est-ce que ta mère *te* parle? Oui, . . .

C. Direct and indirect object pronouns

Rewrite each of the following sentences replacing the italicized words with the appropriate pronouns.

1. Je donne *le journal à mes amis.*
2. Vous me dictez *une lettre.*
3. Nous vous vendons *notre voiture.*

D. Ordinal numbers

Change each of the following cardinal numbers to an ordinal number.

1. un
2. dix
3. vingt-trois
4. cinquante
5. quatre-vingt-onze
6. cent quinze

E. **Depuis** and the present tense / **Pendant**

Answer the following questions. Imagine that today is March 15 and the action started on February 15 (Questions 1 and 2) or will end on April 15 (beginning today; Question 3).

1. Depuis quand voyages-tu?
2. Depuis combien de temps voyages-tu?
3. Pendant combien de temps vas-tu voyager?

Chapter 10

A. Object pronouns: **y** and **en**

Answer the following questions using **y** or **en** to replace the italicized words.

1. Vont-ils *à Strasbourg?* Non, . . .
2. *Combien de dossiers* a-t-elle? Six? Oui, . . .
3. Réponds-tu vite *au téléphone?* Oui, . . .
4. A-t-il besoin *de billets?* Non, . . .

B. Orthographic-changing verbs

Rewrite each of the following sentences substituting the words in parentheses for the italicized words.

1. *Elle* achète des pommes.   (nous, ils)
2. *Je* considère sérieusement votre suggestion.   (vous, elle)
3. *Nous* ficelons bien le paquet.   (tu, nos amies)
4. *Ils* emploient beaucoup de gens.   (il, nous, vous)
5. *Michel* nage bien.   (vous, tu, nous)

C. Object pronouns with the imperative

Transform each of the following sentences into a command. Change the italicized words into pronouns.

1. Tu me lis *le journal*.
2. Tu vas *au cinéma*.
3. Vous ne me dites pas *la vérité*.
4. Nous achetons *des pommes*.

D. Demonstrative adjectives

Complete each of the following sentences with demonstrative adjectives.

1. Je préfère ___ livre-___ à ___ livre-___.
2. Le professeur compare ___ leçon-___ à ___ leçon-___.
3. Nous décrivons ___ femme, ___ homme, et ___ enfants.

E. Verb **conduire**

Answer the following questions.

1. Conduis-tu bien? Oui, . . .
2. Construisez-vous une maison d'été? Oui, nous . . .

11

1. Demonstrative pronouns
2. Reflexive verbs and parts of the body
3. Parts of the body
4. The irregular verbs **croire** and **voir**
5. The present perfect tense of the verb: le passé composé
6. Verbs conjugated with **avoir**
7. Verbs conjugated with **être**
8. The passé composé of reflexive verbs

1. Demonstrative pronouns

Like demonstrative adjectives, demonstrative pronouns are used to point out persons or things. The pronouns, however, do not modify nouns as do the adjectives; instead they *replace* the noun. Study the following examples carefully.

Demonstrative Adjectives	*Demonstrative Pronouns*
J'aime **ce livre-ci.**	J'aime **celui-ci.**
Cette voiture-là est la mienne.	**Celle-là** est la mienne.
Laissons nos paquets sur **ces tables-ci!**	Laissons nos paquets sur **celles-ci!**

NOTE: The pronouns agree in number and gender with the word they replace.

Demonstrative Pronouns		
	Singular	*Plural*
Masculine	celui	ceux
Feminine	celle	celles

NOTE:

- To make it clear whether you mean *this one* or *that one*, *these* or *those*, add **-ci** or **-là** to the demonstrative pronoun.
- To show possession, add **de** to the demonstrative pronoun.
- To begin a relative clause (discussed in Chapters 15 and 16), add **qui, que,** and **dont** to the demonstrative pronoun.

Est-ce que vous préférez **ces souliers-ci** ou **ceux-là?**	*Do you prefer **these shoes** or **those?***
Je préfère **ceux-ci.**	*I prefer **these.***
Je préfère **ceux de** Marie.	*I prefer **Mary's.***
Je préfère **ceux que** je viens d'acheter.	*I prefer **those** I just bought.*

Exercises

A. Ask your partner five questions. After your partner answers all the questions, exchange roles. Use the following list of words to help make up your sentences.

Model: Est-ce que vous préférez ce chapeau-**ci** ou ce chapeau-**là?**

*Je préfère **celui-là.***
*Je préfère **celui du** professeur.*
*Je préfère **celui que** je viens d'acheter.*

la robe	le chemisier	le gant
le pantalon	les chaussettes	le chapeau
les chaussures	la jupe	la cravate
la chemise	les souliers	le mouchoir

B. Help your partner to coordinate the colors of an outfit being purchased. You play the role of a salesperson; your partner is the customer. Using the list of words in Exercise A, follow this model:

Model: Vous préférez la chemise blanche ou bleue, Monsieur (Madame, Mademoiselle)?
J'aime mieux **celle-ci** (la chemise bleue).
Et le pantalon beige ou vert?
Celui-là (le pantalon vert).

2. Reflexive verbs and parts of the body

In French, verbs that reflect the action back onto the subject are called reflexive verbs. These verbs are generally associated with action concerning the body, e.g., shaving or brushing teeth. These verbs are always accompanied by an object pronoun that agrees with the subject of verb; even the infinitive is accompanied by an object pronoun, e.g., **se laver** (*to wash oneself*). Study the following examples carefully.

Present Tense of **se brosser** (*to brush*)	
Je **me brosse** les dents.	*I brush my teeth.*[1]
Tu **te brosses** les dents.	*You brush your teeth.*
Il / Elle / On } **se brosse** les dents.	*He / She / One } brushes his / her / one's } teeth.*
Nous **nous brossons** les dents.	*We brush our teeth.*
Vous **vous brossez** les dents.	*You brush your teeth.*
Ils / Elles } **se brossent** les dents.	*They brush their teeth.*

Observe that the first- and second-person reflexive pronouns are identical to the direct and indirect object pronouns (**me, te, nous, vous**); the only new pronoun is **se** for the third-person singular and plural.

Paul ne **se** lave pas les mains. *Paul does not wash his hands.*
Je **me** peigne les cheveux. *I'm combing my hair.*
Se rase-t-il le matin? *Does he shave in the morning?*
Lève-**toi**! *Get up!*

---

[1] The other possible meanings of the present tense are the progressive forms (*am, is, are brushing*) and the emphatic forms (*do, does brush*).

NOTE:

The definite article is used before the part of the body involved in the action (**les dents, les mains, les cheveux**). The possession of that part of the body by the speaker is indicated by the reflexive pronoun. As a general rule, remember to use the definite article with all parts of the body.

- If a direct object pronoun replaces the part of the body, it is placed immediately after the reflexive pronoun.

Est-ce que Jacqueline se peigne les cheveux?
Oui, elle **se les** peigne.

Other commonly used reflexive verbs are:

se lever	se coucher	s'endormir
se réveiller	se dépêcher	se déshabiller
se maquiller	se raser	se sécher
se laver	s'habiller	s'essuyer
se peigner	se chausser	se vêtir

Note that when the reflexive verb is used in the infinitive form, the reflexive pronoun agrees with the subject of the conjugated verb.

Nous allons **nous** maquiller.
Je vais **me** coucher.
Elle vient de s'habiller.

3. Parts of the body

A. Le corps

1. la tête
2. les cheveux
3. le visage
4. les dents
5. le corps
6. le pied
7. la main
8. le doigt
9. le cou
10. l'épaule
11. la poitrine
12. la taille
13. le bras
14. le coude
15. la jambe
16. le genou

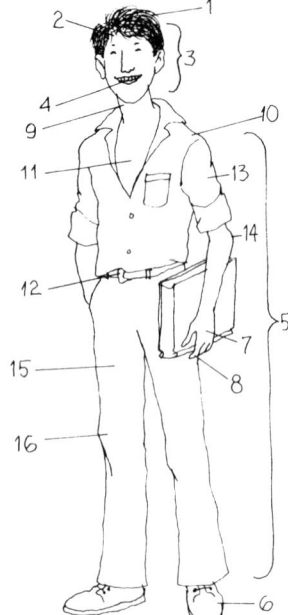

B. Le visage

1. la tête
2. les cheveux
3. le front
4. les sourcils
5. les yeux (un œil)
6. les cils
7. la joue
8. le nez
9. la bouche
10. les dents
11. le menton
12. l'oreille

Je me lave **les** cheveux. *I'm washing my hair.*
Elle se brosse **les** dents. *She is brushing her teeth.*

NOTE:

- To describe parts of the body, the French use the expression **avoir** + the part of the body + the definite article and adjective.

  Marc **a les** cheveux noirs et **les** yeux bleus. *Mark has black hair and blue eyes.*
  Le bébé **a les** joues rouges. *The baby's cheeks are red.*

- To express discomfort in any part of the body, the French use the expression **avoir mal à** + the definite article + the part of the body that hurts.

  J'ai mal à la gorge. *I have a sore throat.*
  Elle **a mal au** ventre. *Her stomach hurts.*
  As-tu **mal au** pied? *Does your foot hurt?*

Exercises

A. List at least five things you do between the time your alarm goes off at 7 A.M. and you eat your breakfast at 7:20.

  s'habiller   se maquiller
  se lever   se laver
  se brosser les dents se raser

1. À sept heures, je me réveille.
2. À sept heures cinq, . . .
3. À sept heures six, . . .
4. À sept heures huit, . . .
5. À sept heures dix, . . .
6. À sept heures et quart, . . .
7. À sept heures vingt, je mange deux œufs et un morceau de pain.

B. As you read the above list, one item at a time, your partner disagrees with you and responds as follows:

Model: Ce n'est pas vrai. Tu ne te réveilles pas à sept heures. etc.

A third person in the group supports you:

Model: Mais si. Il (elle) se réveille à sept heures. etc.

C. Working in a group of three, write a brief paragraph in which you describe a perfectly proportioned person.

D. Describe aloud the face of a famous person. The other members of the class may ask you questions until they can guess who it is.

E. Imagine that your partner does not feel well. Ask appropriate questions, following the model, to localize the problem.

Model: les yeux: As-tu mal aux yeux?
Non, je n'ai pas mal aux yeux; j'ai mal aux oreilles.

1. les dents
2. le bras
3. les genoux
4. la bouche
5. la gorge
6. le pied
7. la tête
8. le nez
9. la main
10. la joue

4. The irregular verbs **croire** and **voir**

The verbs **croire** (*to believe*) and **voir** (*to see*) are irregular. They are conjugated in the present tense as follows:

croire (*to believe*)	voir (*to see*)
Je **crois** ton histoire.	Je **vois** un taxi.
Tu **crois** ton histoire.	Tu **vois** un taxi.
Il / Elle / On **croit** ton histoire.	Il / Elle / On **voit** un taxi.
Nous **croyons** ton histoire.	Nous **voyons** un taxi.
Vous **croyez** son histoire.	Vous **voyez** un taxi.
Ils / Elles **croient** ton histoire.	Ils / Elles **voient** un taxi.
Past Participle: **cru**	*Past Participle:* **vu**

The following verbs are conjugated like **voir: prévoir** (*to predict*), **revoir** (*to see again*).

Croyez-vous en notre système politique?
Oui, je **crois** bien en notre système.

Voit-il souvent sa nouvelle amie?
Oui, ils se **voient** tous les jours.

Exercise

Complete these sentences with the correct form of the new verbs.

1. Tu es sérieux; le professeur ne va jamais le ___.
2. Je ___ mon ami dans le restaurant.
3. Est-ce que vous cherchez votre mari, Madame? Je ___ le ___ à côté de votre voiture.

5. The present perfect tense of the verb: le passé composé

Things that happen in the past are very frequently expressed in French by the tense called the *passé composé*. This tense corresponds most closely to the present perfect in English. In both languages, this tense indicates an action completed in the past.

Just as in English, the French past tense (*passé composé*) is a compound tense, that is, it is composed of two parts: an auxiliary verb and a past participle:

French:	**nous avons entendu**	*English:*	We have heard
Auxiliary	**avons**		have
Past Part.	**entendu**		heard

Verbs in the French passé composé fall into two groups: those whose auxiliary is **avoir** (the majority of verbs) and those whose auxiliary is **être** (a small group of verbs and all reflexive verbs).

The past participle of the verb is very easy to form. Observe the following models:

Past Participles		
-er verbs:	donner → **donné**	(drop **r**; add ´)
-ir verbs:	finir → **fini**	(drop **r**)
-re verbs:	entendre → **entendu**	(drop **-re**; add **u**)

NOTE: Many verbs have irregular past participles. These must be memorized.

6. Verbs conjugated with **avoir**

Passé Composé with **avoir** (verb: **manger**)	
j'ai mangé	I ate, have eaten, did eat
tu as mangé	you ate, have eaten, did eat
il ⎱ elle ⎬ a mangé on ⎰	he ⎱ she ⎬ ate, has eaten, did eat one ⎰
nous avons mangé	we ate, have eaten, did eat
vous avez mangé	you ate, have eaten, did eat
ils ⎱ ont mangé elles ⎰	they ate, have eaten, did eat

Passé Composé with **avoir** (verb: **finir**)	
j'ai fini	I finished, have finished, did finish
tu as fini	you finished, have finished, did finish
il ⎱ elle ⎬ a fini on ⎰	he ⎱ she ⎬ finished, has finished, did finish one ⎰
nous avons fini	we finished, have finished, did finish
vous avez fini	you finished, have finished, did finish
ils ⎱ ont fini elles ⎰	they finished, have finished, did finish

Passé Composé with **avoir** (verb: **attendre**)	
j'ai attendu	I waited for, have waited for, did wait for
tu as attendu	you waited for, have waited for, did wait for
il ⎱ elle ⎬ a attendu on ⎰	he ⎱ she ⎬ waited for, has waited for, did wait for one ⎰
nous avons attendu	we waited for, have waited for, did wait for
vous avez attendu	you waited for, have waited for, did wait for
ils ⎱ ont attendu elles ⎰	they waited for, have waited for, did wait for

NOTE: There are three possible translations in English for each verb form.

    Elle **a vu** la conférencière   *She saw* (**has seen, did see**)
      à l'Opéra.   *the lecturer at the Opera.*

ATTENTION! The verbs **avoir** and **être** both form the passé composé with the auxiliary **avoir**:

    Avoir *past participle:* **eu**
          j'ai **eu**, vous avez **eu**

    Être *past participle:* **été**
          j'ai **été**, vous avez **été**

7. Verbs conjugated with être

Passé Composé with être (verb: rester)	
je **suis resté**(e)	I stayed, have stayed, did stay
tu **es resté**(e)	you stayed, have stayed, did stay
il `}` **est resté** on `}`	he, it `}` stayed, has stayed, did stay one `}`
elle **est restée**	she, it stayed, has stayed, did stay
nous **sommes restés**(es)	we stayed, have stayed, did stay
vous **êtes resté**(e)s	you stayed, have stayed, did stay
ils **sont restés**	they stayed, have stayed, did stay
elles **sont restées**	they stayed, have stayed, did stay

NOTE: The past participle of verbs conjugated with **être** is variable. It *always* agrees with the subject in number and gender. In this instance, the participle acts like an adjective and agrees with the subject of the verb **être**.

>Avez-vous accompagné votre frère au théâtre?
>Oui, nous **sommes allés** au théâtre et puis nous avons rendu visite à sa petite amie.

Only a small group of verbs and their compounds are conjugated with **être.** They are as follows:

aller	descendre	naître (né)	arriver
venir (venu)	monter	mourir (mort)	entrer
partir	rentrer	rester	passer
sortir	retourner	tomber	

>**Est**-elle **arrivée** à l'heure aujourd'hui?
>Oui, mais elle **est partie** cinq minutes avant la fin de la classe.

>**Sommes**-nous **sortis** du cinéma en retard?
>Non, nous **sommes sortis** du cinéma à l'heure.

ATTENTION! The following verbs *must be conjugated with* **avoir** if they have a direct object. They also often change meaning, e.g., **monter** becomes *to put up, to climb.*

sortir	monter
rentrer	descendre
passer	

>Elle a monté **l'escalier.** (*direct object*)
>Elle est montée **dans sa chambre.** (*object of the preposition*)

8. The passé composé of reflexive verbs

All reflexive verbs are conjugated with **être.** The past participle sometimes agrees with the *reflexive pronoun* (not the subject), as in the following examples. Complete rules for the agreement of past participles are given in Chapter 13.

Est-ce que vous avez passé une matinée active, Paul?
Oui, très. Je me suis levé à 8 heures. Je me suis lavé; je me suis habillé; je me suis peigné et, puis, je suis allé à l'université où le professeur a donné une conférence très intéressante.

Exercise

A. Give the correct forms of the *passé composé* for each of the subject pronouns in parentheses.

1. J'ai parlé. (elle, nous, ils)
2. Il est sorti. (nous, je, vous)
3. Nous avons rougi. (elle, elles, tu)
4. Tu t'es couché. (je, il, vous)
5. Elles ont entendu. (je, vous, elle)
6. Vous êtes allés. (elle, nous, elles)
7. Tu as été. (vous, je, il)
8. Vous vous êtes rasé. (il, tu, je)
9. Elle a choisi. (ils, tu, nous)
10. Ils sont descendus. (elle, nous, je)
11. Vous avez été. (elles, tu, nous)
12. Nous avons donné. (tu, vous, je)

Vocabulary

NOUNS
le **bébé**   baby
la **bouche**   mouth
le **bras**   arm
la **chambre**   bedroom
la **chaussette**   sock
la **chemise**   shirt
le **chemisier**   blouse
le **cheveu**   hair (*used most frequently in the plural:* les cheveux)
le **cil**   eyelash
la **conférence**   lecture
le **corps**   body
le **cou**   neck
le **coude**   elbow
la **dent**   tooth
le **doigt**   finger
l'**épaule** (*f.*)   shoulder
l'**escalier** (*m.*)   stairway
le **front**   forehead
le **gant**   glove
le **genou**   knee
la **gorge**   throat
la **jambe**   leg
la **joue**   cheek

la **jupe**   skirt
la **main**   hand
la **matinée**   morning
le **menton**   chin
le **mouchoir**   handkerchief
le **nez**   nose
l'**oreille** (*f.*)   ear
le **pantalon**   pants, trousers
le **pied**   foot
la **poitrine**   chest
le **soulier**   shoe
le **sourcil**   eyebrow
la **taille**   waist
la **tête**   head
le **ventre**   stomach
le **visage**   face
les **yeux** (*m. pl.*)   eyes (un **œil**   eye)

VERBS

aimer mieux   to prefer
avoir mal à   to hurt (*somewhere*)
se brosser   to brush
se chausser   to put on one's shoes
se coucher   to go to bed
croire   to believe
se dépêcher   to hurry
se déshabiller   to undress
s'endormir   to fall asleep
s'essuyer   to dry oneself

s'habiller   to dress
se laver   to wash
se laver les cheveux   to wash one's hair
se lever   to get up
se maquiller   to put on make-up
monter   to go up, to climb, to take up
mourir   to die
naître   to be born
se peigner   to comb one's hair
prévoir   to foresee
se raser   to shave
rester   to stay
retourner   to return
se réveiller   to wake up
revoir   to see again
se sécher   to dry
tomber   to fall
se vêtir   to dress
voir   to see

ADJECTIVES

agréable   pleasant, agreeable
beige   beige
rose   pink
vert(e)   green

PREPOSITIONAL PHRASE

à côté de   beside, next to

12

1. Reciprocal verbs
2. Indefinite adjectives and pronouns
3. Negatives
4. The irregular verbs **s'asseoir** and **(se) plaire**

1. Reciprocal verbs

Reflexive verbs that indicate a reciprocal action, one mutually performed by the subjects on or for each other, are referred to as reciprocal verbs. Many verbs can show this type of action by the simple addition of the reflexive pronoun. In English, this reciprocity is frequently indicated by the addition of the phrase *each other*. Study the following examples carefully.

Est-ce que Pierre et Jeanne s'écrivent?	Do Pierre and Jeanne write to **each other**?
Oui, il **s'**écrivent tous les jours.	Yes, they write to **each other** every day.
Où va-t-on **se** retrouver?	Where are we going to meet?
On va **se** retrouver chez Claude.	We're going to meet at Claude's.
Vous **vous** aimez beaucoup, n'est-ce pas?	You love **each other** very much, don't you?
Oui, nous **nous** aimons beaucoup.	Yes, we love **each other** very much.

Exercise

Create a sentence for each group of words.

1. Marc et David / se rencontrer / dans la rue. (passé composé)
2. Nous / s'embrasser / avec plaisir. (near future)
3. Mes frères / se téléphoner / souvent. (present)
4. Vous / s'écrire / des lettres extraordinaires. (passé composé)

2. Indefinite adjectives and pronouns

Indefinite adjectives and pronouns are nonspecific in nature.

J'ai vu quelques fleurs aujourd'hui.	I saw some flowers today.
Moi, aussi. Et chaque fleur est si belle.	Me, too. And each flower is so beautiful.
Quelqu'un t'a téléphoné ce matin.	Someone phoned you this morning.
C'est Paul. Certains jours il téléphone très tôt.	It's Paul. Some days he calls very early.

The following table lists the most common indefinite adjectives and pronouns arranged in related pairs.

Adjective	Pronoun	
quelques + noun	**quelques-uns(unes)**	= a few (of them)
certain + noun	**certain(e)(s)**	= some (certain ones)
tout + noun	**tout**	= everything
tous + noun	**tous**	= everybody, everyone
toutes + noun	**toutes**	(of them)
chaque + noun	**chacun**	= each (one)

NOTE:

- With **quelques-uns(unes)**, *of them* is understood; the pronoun **en** must be used in French.
- When **tous** is used as a pronoun, the final **-s** is pronounced.

Avez-vous **quelques** connaissances en France?
Oui, j'**en** ai **quelques-unes.**

Est-ce que **certains** de vos amis parlent français?
Non, ils parlent **tous** anglais.

En français, **tout** est difficile!
Non, **tout** est logique!

Quelles fleurs aimez-vous?
Je les aime **toutes!**

A few nouns are also indefinite and have corresponding indefinite pronouns. These pronouns are invariable.

Noun	Pronoun	
une chose	**quelque chose**	= something
une personne	**quelqu'un**	= somebody / someone
un endroit	**quelque part**	= someplace / somewhere / anywhere

NOTE: When **quelque chose, quelqu'un, quelque part** are followed by an adjective, **de** is used; when followed by an infinitive, **à** is used. These expressions are always masculine.

J'ai **quelque chose** d'amusant à faire.
Je vais **quelque part** d'intéressant.

Exercise

Rewrite the following sentences using indefinite pronouns. Make any necessary changes.

1. Il y a une chose très importante à faire.
2. Certains étudiants n'aiment pas étudier.
3. Un volontaire est nécessaire.
4. Le directeur a interviewé chaque candidat.

3. Negatives

In addition to **ne ... pas,** there are several other negative expressions with slightly different or more emphatic meanings, just as in English. All of them follow the same rule as **ne ... pas** for placement with a simple verb, e.g., **je n'arrive pas;** many of them also copy the placement of **ne ... pas** in the compound tenses, e.g., **elle n'a pas répondu.** Notice that although they all include the word **ne,** in most instances the word **pas** has been replaced by another word.

Many of these new negatives have the opposite meaning of adverbs or indefinite pronouns you already know. These are listed in pairs to help you remember them. Note that the last expression **ne ... que** is not a true negative; it is a restrictive expression and is included here because its relationship to the verb is similar to that of the negatives.

Positive Expressions	*Negative Expressions*	
	ne ... pas	not
plusieurs, quelques	ne ... aucun / aucun ... ne	no, none
quelqu'un	ne ... personne / personne ne	no one, nobody
quelque chose	ne ... rien / rien ne	nothing
quelque part	ne ... nulle part	nowhere
déjà	ne ... pas encore	not yet
encore, toujours	ne ... plus	no longer, no more
et / ou	ne ... ni ... ni / ni ... ni ... ne	neither ... nor
aussi	ne ... pas non plus	not ... either
toujours, tout le temps, souvent	ne ... jamais	never
beaucoup, très	ne ... guère	hardly, scarcely
	ne ... pas du tout	not at all
	ne ... que	only

Allez-vous souvent au cinéma?
Non, je **ne** vais **jamais** au cinéma.

As-tu déjà vu ce film?
Non, je **ne** l'ai **pas encore** vu.

Aime-t-il Sophie et Caroline?
Il n'aime **ni** Sophie **ni** Caroline.

In the passé composé, **personne, nulle part, aucun(e)** do not precede the past participle.

Avez-vous retrouvé Lucien, hier?
Je n'ai retrouvé **personne.**

Jennifer a-t-elle attendu son ami longtemps?
Non, elle **n'**a attendu son ami **que** vingt minutes.

NOTE: Both **ne ... que** and **seulement** mean *only* and may be used interchangeably.

Non, elle a attendu son ami **seulement** vingt minutes.

The negatives **rien ne, personne ne, ni ... ni ... ne** are used as subjects.

Pourquoi voulez-vous quitter cette ville?
Rien ne m'intéresse ici; **personne ne** me parle.

Aucun(e) and **ni ... ni** always precede the noun they modify; this noun may be either the subject or the object of the verb.

Est-ce que Georges et Marie ont répondu à vos questions?
Aucun étudiant n'a répondu à mes questions.

Ni Georges **ni** Marie n'a répondu à mes questions.

Si, not **oui,** is the **affirmative** response to a question expressed in a negative form.

Tu ne veux pas aller au cinéma ce soir?
Si, je veux y aller.

Adjectives used with **rien, personne, quelque chose, quelqu'un** must be masculine singular. Observe that **de** is used if these words are followed by an adjective.

Je vois **quelque chose de noir** sous la table.
Non, il n'y a **rien de noir** chez moi.

Est-ce que **quelqu'un** a sommeil?
Non, **personne** n'est fatigué.

Exercises

A. Answer each of the following questions in the negative. Do not use **ne ... pas.**

1. Est-ce que quelqu'un a reconnu le président?
2. Va-t-il quelque part demain?
3. Voyez-vous le directeur et le secrétaire?
4. Est-ce que Jean-Louis a acheté quelque chose?
5. Avez-vous déjà essayé cette chemise?

B. Ask the questions that would have elicited the following responses.

1. Si, je vais souvent au théâtre.
2. Si, nous avons acheté beaucoup de choses.
3. Si, elle va retrouver trois amies aujourd'hui.
4. Si, on leur a déjà écrit.

4. The irregular verbs **s'asseoir** and **(se) plaire**

The verbs *s'asseoir* (*to sit down*) and *(se) plaire* (*to please*) are irregular in the present tense and in the past participle.

s'asseoir (to sit down)	*se plaire* (to like, to like one another)
Je **m'assieds** vite.	Je **me plais** ici.
Tu **t'assieds** vite.	Tu **te plais** ici.
Il / Elle / On **s'assied** vite.	Il / Elle / On **se plaît** ici.
Nous **nous asseyons** vite.	Nous **nous plaisons** ici.
Vous **vous asseyez** vite.	Vous **vous plaisez** ici.
Ils / Elles **s'asseyent** vite.	Ils / Elles **se plaisent** ici.
Past Participle: **assis**	*Past Participle:* **plu**

NOTE:

- **Plaire à** may be used in the nonreflexive form. Its most familiar forms are **s'il te plaît** and **s'il vous plaît**, both of which mean *please*.

    Jacques **me plaît.**

- **Se plaire** is used just as frequently.

    Je me plais toujours chez vous.

- Another verb conjugated like **se plaire** is **se taire** (*to be quiet, to keep quiet*) (Attention! There is no circumflex accent in the **il** form: **il se tait**).

    Jeune homme, vous marchez sur mes pieds!
    Pardon, Madame. Est-ce que cette place est libre, **s'il vous plaît?**
    Oui, asseyez-vous, regardez le film, et **taisez-vous.**

Exercises

A. Create sentences from the following groups of words. Put all verbs into the present tense. Make any necessary changes or additions.

1. Jeune homme / s'asseoir / très vite.
2. La couleur / les cheveux de Louise / plaire à / tout le monde.
3. Nous / se taire / avant / l'arrivée / le professeur.
4. Elles / se plaire / Paris.

B. Rewrite Exercise A changing the verbs into the negative.

C. Rewrite Exercise B changing the verbs into the passé composé.

Vocabulary

NOUNS

l'**arrivée** (*f.*)   arrival
la **chose**   thing
la **couleur**   color
l'**endroit** (*m.*)   place
la **place**   seat, place
le **plaisir**   pleasure
la **rue**   street
le **théâtre**   theatre
la **ville**   city
le **volontaire**   volunteer

VERBS

s'**asseoir**   to sit down
s'**embrasser**   to embrace
s'**intéresser à**   to be interested in
interviewer   to interview
marcher   to walk
marcher sur les pieds de quelqu'un   to step on someone's feet
(se) **plaire**   to like, to like one another
quitter   to leave
rencontrer   to meet (*by accident*)
se **retrouver**   to meet (*on purpose*)
se **taire**   to keep quiet

ADJECTIVES

extraordinaire   extraordinary
libre   free, unoccupied

13

1. Negative and interrogative forms of the passé composé
2. Object pronouns with the passé composé and the infinitive
3. Agreement of past participles in the passé composé
4. Some irregular past participles
5. The imperfect tense of the verb: l'imparfait

1. Negative and interrogative forms of the passé composé

To make the passé composé negative, **ne** is placed before the auxiliary verb and **pas** (or another negative) after it, just as in the present tense. Note carefully that the verb is **avoir** or **être**, not the past participle.

To make the passé composé interrogative, the pronoun subject and auxiliary verb exchange places, just as in the present tense. Note carefully, again, that the verb is **avoir** or **être**, not the past participle.

> **Avez-vous vu** mon frère au restaurant?
> Non, je n'ai pas vu votre frère au restaurant.
>
> **Avez-vous rencontré** votre ami?
> Oui, nous avons déjeuné ensemble, mais nous ne sommes pas allés au cinéma après à cause du mauvais temps.

ATTENTION! **Personne, nulle part,** and **que** (in the expression **ne . . . que**) follow the past participle.

> Je n'ai vu **personne.**
> Je **ne** suis allé **nulle part.**
> Je n'ai acheté **qu'**une seule cravate.

Exercises

A. Change each of the verbs in the following sentences into the negative form.

> *Model:* Elle est restée chez son amie. (**ne . . . jamais**)
> Elle n'est *jamais* restée chez son amie.

1. Nous sommes allés au cinéma. (ne . . . nulle part)
2. J'ai invité mon ami au restaurant. (ne . . . personne)
3. Ils ont choisi le plat du jour. (ne . . . rien)
4. Tu es parti trop tôt. (ne . . . pas)
5. Vous avez attendu l'arrivée de votre amie. (ne . . . guère)

B. Change each of the statements in Exercise A into questions.

2. Object pronouns with the passé composé and the infinitive

Direct and indirect object pronouns precede the auxiliary verb (**avoir** or **être**) just as in the present tense. They also precede the infinitive.

> As-tu commandé le biftek?
> Oui, je l'ai commandé.
>
> Avez-vous donné la note à Paul?
> Oui, je **lui** ai donné la note.

Ont-ils vendu le restaurant à leurs amis?
Oui, ils **le leur** ont vendu.

Voulez-vous commander le biftek?
Oui, je veux **le** commander.

Vas-tu inviter ton amie au cinéma?
Non, je ne vais pas **l'**inviter au cinéma; je vais **l'**inviter à dîner.

Exercises

A. Answer each of the following questions replacing the direct object noun with a pronoun each time.

   1. As-tu acheté le livre? (negative answer)
   2. A-t-il rendu le stylo?
   3. Avez-vous choisi le plat du jour?
   4. Ont-elles terminé leur dîner?
   5. Est-ce que j'ai trouvé votre ami?

B. Answer each of the following questions replacing the indirect object noun with a pronoun each time.

   1. Est-ce que Jacqueline a donné le livre à Marie?
   2. Avez-vous rendu le livre à votre père? (negative answer)
   3. Ont-ils vendu le cahier au professeur?

C. Answer the questions in Exercise B replacing both the direct and indirect object nouns with pronouns.

D. Answer each of the following questions, first in the affirmative, and then in the negative. Replace the direct and indirect object nouns with pronouns each time.

   1. Veux-tu voir mes photos?
   2. Allons-nous trouver le livre à la bibliothèque?
   3. Peuvent-ils boire toute la bouteille de vin?

3. Agreement of past participles in the passé composé

The agreement of the past participle falls into two general categories.

A. Agreement with the subject:

The small group of verbs conjugated with **être** always agree with the subject.

Est-**elle** allé**e** chez Paulette?
Oui, **nous** y sommes allé**s** ensemble.

B. Agreement with the *preceding* direct object:

This rule applies to all verbs conjugated with **avoir** and all reflexive verbs.

> A-t-il invité ses **amies**?
> Oui, il **les** a invité**es**.
>
> Où avez-vous vu ma **mère**?
> Je **l**'ai vu**e** au restaurant.

Note carefully the difference between the first and second sentence in each set. In the first sentence, the direct object follows the verb; therefore there is no agreement. In the second sentence, the direct object precedes the verb; therefore there is agreement.

> Est-ce qu'elle s'est lavé**e**? (object *precedes:* **se**)
> Oui, elle s'est lavé les mains. (object *follows:* **les mains**)

ATTENTION! Reflexive verbs are conjugated with **être**, but they follow the **avoir** rule for agreement.

Exercise

Add the past participles of the verbs in parentheses to the following sentences. Pay particular attention to agreement.

1. Elles ne sont pas ___ tard. (rentrer)
2. Le professeur a ___ les livres à son étudiant. (donner)
3. L'étudiant les a ___. (accepter)
4. Marilène s'est ___ à 6 heures. (lever)
5. Elle s'est ___ la tête à 6:30. (laver)
6. Nous sommes ___ en retard. (venir, *negative*)

4. Some irregular past participles

avoir **eu**	écrire **écrit**	prendre **pris**
conduire **conduit**	être **été**	pouvoir **pu**
connaître **connu**	faire **fait**	revenir **revenu**
croire **cru**	lire **lu**	savoir **su**
devenir **devenu**	mettre **mis**	venir **venu**
devoir **dû**	mourir **mort**	voir **vu**
dire **dit**	naître **né**	vouloir **voulu**

Check the dictionary if you are not sure whether a past participle is irregular or not.

> Où a-t-elle **mis** les fleurs? Elle les a **mises** sur la table.
> As-tu déjà **lu** ce roman? Non, je ne l'ai pas encore **lu**.
> Est-il **devenu** médecin? Oui, il est **devenu** médecin.

Exercise

Complete each of the following sentences with the passé composé of the verb in parentheses.

1. Je ___ le 4 septembre. (naître)
2. Elle ___ cette lettre. (écrire, *negative*)
3. ___-tu déjà ___ tes devoirs? (faire)
4. Nous ___ regarder la télévision. (vouloir)
5. ___-ils tout ___? (dire)

5. The imperfect tense of the verb: l'imparfait

The other most frequently used past tense in French is the *imparfait,* or imperfect tense. It is used generally to express past actions or states of being that were not completed. It is used for description and for habitual and for customary actions.

Où **étais**-tu hier?
J'**étais** chez mes cousins.

Quand j'**étais** secrétaire, je **passais** toute la journée au bureau.
Moi, aussi. Mon patron me **donnait** des lettres à taper toutes les cinq minutes. De plus, il les **attendait** impatiemment et il **finissait** toujours par me gronder.
Quelle vie! Qu'avez-vous fait?
J'ai démissionné.

Almost all verbs form the imperfect stem by dropping the ending **-ons** from the **nous** form of the present tense:

parler = parlons = **parl**
finir = finissons = **finiss**
attendre = attendons = **attend**

The endings are **ais, ais, ait, ions, iez, aient.**

There are *no irregular verbs* in the imperfect tense except the verb être; its stem is **ét.**

Imperfect Tense			
parler	*finir*	*attendre*	*être*
je **parlais**	je **finissais**	j'**attendais**	j'**étais**
tu **parlais**	tu **finissais**	tu **attendais**	tu **étais**
il elle **parlait** on	il elle **finissait** on	il elle **attendait** on	il elle **était** on
nous **parlions**	nous **finissions**	nous **attendions**	nous **étions**
vous **parliez**	vous **finissiez**	vous **attendiez**	vous **étiez**
ils elles **parlaient**	ils elles **finissaient**	ils elles **attendaient**	ils elles **étaient**

ATTENTION! Some forms may seem unusual; they are, nevertheless, correct.

oublier = oublions = oubli- → vous **oubliiez**
voir = voyons = voy- → nous **voyions**

Each verb form has several potential meanings:

nous **parlions** *we were talking*
   we talked
   we used to talk
   we kept talking

The only meaning that may cause you some hesitation is the second one, *we talked*, which is identical to the meaning of the passé composé. To distinguish between the two tenses, you must decide whether you wish to say we talked—meaning, we *have* talked or we *did* talk (passé composé: completed action)—or we talked—meaning, we *were* talking or we *kept* talking (imparfait: incompleted action). This simple test of meaning makes very clear the difference in meaning between the two past tenses; these differences will be carefully examined in Chapter 14.

Exercises

A. Give the imperfect tense of the following verbs.

1. donner: je
2. choisir: il
3. aller: nous
4. entendre: tu
5. croire: elles
6. mettre: vous
7. avoir: ils
8. être: elle

B. Complete the following sentences with five actions from your childhood.

Model: Quand j'**étais** enfant, j'**allais** souvent au cinéma.

1. Quand j'étais enfant, . . .
2. Quand j'étais enfant, . . .
3. Quand j'étais enfant, . . .
4. Quand j'étais enfant, . . .
5. Quand j'étais enfant, . . .

Vocabulary

NOUNS

le **biftek**   steak
le **cousin**   cousin
la **note**   bill
le **plat du jour**   today's special *(menu)*
le **roman**   novel
la **vie**   life

VERBS

commander to order
démissionner to quit one's job
gronder to scold
inviter to invite
taper to type, to hit
terminer to end, to finish
trouver to find

ADJECTIVES

cher, chère expensive

ADVERBS

hier yesterday
impatiemment impatiently
trop de too much, too many

14

1. **Depuis** and the imperfect tense
2. The irregular verbs **devoir** and **recevoir**
3. Use of the passé composé and the imparfait
4. **Depuis que** and **pendant que**

1. **Depuis** and the imperfect tense

In French, **depuis** is used with the imperfect tense to indicate an action that began in the past and ended in the past. This action is usually interrupted by another action in the passé composé.

    Depuis quand conduisiez-vous quand les freins ont cessé de fonctionner.
    Je conduisais **depuis** midi.
    Depuis combien de temps marchais-tu quand tu es arrivé chez le garagiste?
    Je marchais depuis 50 minutes.

NOTE: **Depuis quand** refers to a specific moment. **Depuis combien de temps** refers to a period of time (Refer to Chapter 9, Section 5, to review the difference between these two expressions.)

Exercise

Ask the questions that would have elicited the following responses.

1. Elle conduisait depuis 25 minutes.
2. Le mécanicien l'examinait depuis ce matin.
3. La batterie fonctionnait bien depuis 3 mois.
4. Nous te téléphonions depuis 7 heures du soir.
5. Je me préparais depuis une semaine.

2. The irregular verbs **devoir** and **recevoir**

The verbs **devoir** (*to owe*) and **recevoir** (*to receive*) are irregular in the present tense.

devoir (should, ought to, to owe, to have to, must)	*recevoir* (to receive)
je **dois**	je **reçois**
tu **dois**	tu **reçois**
il / elle / on **doit**	il / elle / on **reçoit**
nous **devons**	nous **recevons**
vous **devez**	vous **recevez**
ils / elles **doivent**	ils / elles **reçoivent**
Past Participle: **dû**	*Past Participle:* **reçu**

Vous me **devez** cent francs.
Oui, je **dois** vous payer.

Est-ce que vous **recevez** du courrier tous les jours?
Non, j'en **reçois** très rarement.

NOTE: **Devoir** has many meanings, which are frequently governed by the tense of the verb. These will be explained in Chapter 20. For now, use it to mean *to owe* (+ a direct object) or *should* (+ an infinitive).

The following verbs are conjugated like **recevoir: apercevoir** (*to perceive*), **concevoir** (*to conceive*), **décevoir** (*to deceive*), **percevoir** (*to perceive*).

Exercises

A. Complete the following sentences with the present tense of one of these verbs: **devoir, décevoir, recevoir.**

1. Le mécanicien ne ___ pas le client.
2. Nous ___ réparer les freins de la voiture.
3. ___-vous de l'argent de vos parents?
4. Tu me ___ 50 francs.
5. Jacques ne ___ pas de coups de téléphone.

B. Change each of the verbs in Exercise A into the *passé composé*. Then read the entire sentence aloud.

3. Use of the passé composé and the imparfait

Both the passé composé and the imparfait are used to express past actions.

passé composé = completed past action
imparfait = incomplete (continuing) past action or description

When the two tenses are used together, the imparfait provides the background, the description; the passé composé advances the action.

Imagine the following scene from a play: people are eating, drinking and talking in a restaurant. A waiter is moving from table to table. A woman comes in, sits down, and orders a bottle of wine. A friend joins her; they talk for a few minutes. Suddenly she stands up, spills her wine on the table, and leaves. He follows her.

Now, imagine recounting this little scene to someone else in the past tense. Which verbs would you put in the imparfait and which ones in the passé composé? Remember, an action in the imparfait KEEPS HAPPENING over an indefinite period of time. An action in the passé composé happens only once, or several times within a limited time period.

What about the people at the tables? Do they eat or keep eating, drink or keep drinking, etc.? Does the woman sit down or keep sitting down, order wine or keep ordering wine, spill her wine or keep spilling it? The difference between these two types of actions is the difference between a unique action and a continuous action.

Here are the correct responses:

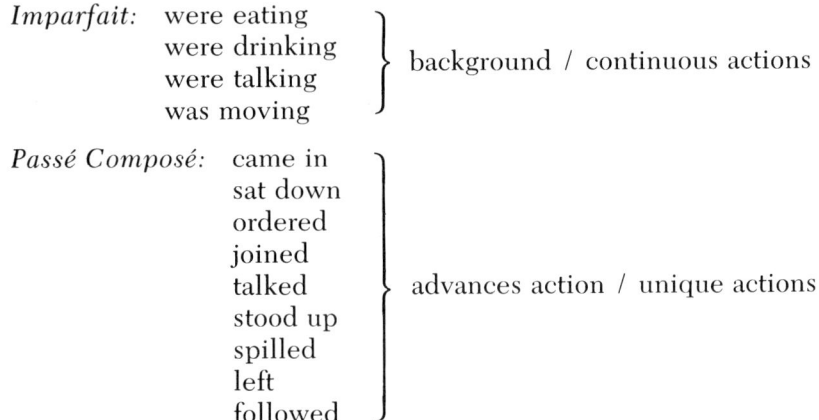

Exercise

Complete the following paragraph with either the imparfait or the passé composé.

Ma voiture ____ (tomber) en panne. Le ciel ____ (être) gris; la pluie ____ (tomber) sans cesse et les enfants ____ (pleurer). Enfin, quelqu'un nous ____ (aider) et nous ____ (aller) chez le garagiste. Un mécanicien ____ (regarder) la voiture; il ____ (hocher) la tête. Le patron ____ (entrer), il lui ____ (parler), puis il m'____ (inviter) dans son bureau où il m'____ (expliquer) que (that) la voiture ____ (être) en très mauvais état.

4. Depuis que and pendant que

When a clause (subject and verb) is used to answer the question **depuis quand,** the clause is introduced by **depuis que.**

Depuis quand êtes-vous à Los Angeles?
Je suis à Los Angeles **depuis que** je travaille dans l'industrie du cinéma.

Depuis quand apprécie-t-elle les films de Hitchcock.
Elle les apprécie **depuis qu'**elle a vu *Psycho*.

NOTE: Because **depuis** is used in both responses, the *main verb* (**je suis, elle apprécie**) *must be in the present tense* to show that the actions or states they indicate are still happening in the present. However, the verb in the subordinate clause (**je travaille, elle a vu**) may be in either the present tense or a past tense, depending on the sense of the sentence. In the first example, the action of working (**je travaille**) began in the past and continues into the present. In the second example, the action of seeing the film (**elle a vu** *Psycho*) began and ended in the past.

Pendant que is used instead of **pendant** to begin a clause. **Pendant** and **pendant que** indicate that the two actions take place simultaneously.

Quel livre lis-tu **pendant que** je fais mes devoirs?
Je lis un Agatha Christie **pendant que** tu fais tes devoirs.

Quel voyage ont-ils fait **pendant que** nous étions en Amérique?
Ils sont allés en Angleterre **pendant que** vous étiez en Amérique.

NOTE: When the two actions occur in the past, one verb is usually in the imperfect tense (*were*): **nous étions, vous étiez**. See Chapter 13 for an explanation of this past tense of the verb.

Exercises

A. Rephrase the following statements using **depuis que** + a clause.

Model: Je suis ici depuis votre retour. (revenir)
*Je suis ici **depuis que vous êtes revenu**.*

Je suis ici . . .

1. votre arrivée (arriver)
2. votre départ (partir)
3. votre coup de téléphone (téléphoner)
4. votre accident (se blesser)
5. votre discours (parler)
6. votre visite (me rendre visite)

B. Rephrase the following statements using **pendant que** + a clause.

Model: J'ai dormi pendant votre explication. (expliquer la grammaire)
*J'ai dormi **pendant que vous expliquiez la grammaire**.*

J'ai dormi pendant . . .

1. votre discours (lire votre discours)
2. votre chanson (chanter)
3. notre voyage (conduire)
4. notre dîner (finir notre dîner)
5. votre visite (rendre visite aux voisins)

Vocabulary

NOUNS

l'**accident** (*m.*)   accident
la **batterie**   battery
le (la) **client(e)**   client
le **coup de téléphone**   telephone call
le **départ**   departure
le **discours**   speech
l'**état** (*m.*)   state
le **frein**   brake
le **garagiste**   service station owner
le **mécanicien**   mechanic
la **pluie**   rain
la **visite**   visit
le **voyage**   trip

VERBS

apercevoir   to perceive, to notice
apprécier   to appreciate
cesser   to stop, to cease
concevoir   to conceive
décevoir   to deceive, to disappoint
devoir   to owe, to have to
expliquer   to explain
fonctionner   to function, to operate
hocher la tête   to shake one's head
percevoir   to perceive
pleurer   to cry
recevoir   to receive
réparer   to repair
tomber en panne   to break down

ADVERBS

rarement   rarely

USEFUL EXPRESSIONS

sans cesse   without stopping, continually

15

1. Future tense of the verb: le futur
2. Irregular verbs in the future tense
3. The conditional: le conditionnel
4. The irregular verbs **falloir** and **valoir**
5. Relative pronouns: subject and direct object

1. Future tense of the verb: le futur

Most French verbs are regular in the future. For first- and second-group verbs, the whole infinitive serves as the stem. For third-group verbs, the infinitive minus the final silent **e** serves as the stem. There is only one set of endings, identical for all groups of verbs. The English equivalent is *shall* or *will* plus the verb.

Future Tense		
Infinitive	*Stem*	*Endings*
travailler	je **travailler-**	ai
finir	tu **finir-**	as
entendre	il elle on } **entendr-**	a
donner	nous **donner-**	ons
choisir	vous **choisir-**	ez
perdre	ils elles } **perdr-**	ont

NOTE: The infinitive stem always ends in the letter **r**.

Travaillerez-vous à la bibliothèque demain?
Will you work at the library tomorrow?

Oui, je **travaillerai** à la bibliothèque demain.
Yes, I'll work at the library tomorrow.

Finirons-nous nos devoirs avant l'arrivée du professeur?
Shall we finish our homework before the teacher's arrival?

Oui, nous **finirons** avant son arrivée.
Yes, we'll finish before his arrival.

Rendrez-vous nos devoirs immédiatement?
Will you give back our assignments immediately?

Non, je ne les **rendrai** pas avant jeudi.
No, I shall not give them back before Thursday.

ATTENTION! Three groups of **-er** verbs change stems: verbs like **peser** add a grave accent (**pèser-**); verbs like **appeler** double the consonant (**appeller-**); verbs like **essayer** change y to i (**essaier-**). The stems of other orthographic-changing verbs do not vary in the future (see Chapter 10).

Pèseras-tu le petit colis que tu veux expédier?
Oui, et je le **ficellerai** bien aussi.

Essaiera-t-elle de me téléphoner demain matin à la maison?
Non, elle préférera te téléphoner au bureau à 15 heures.

Exercice

Change each of the following sentences into the future tense.

1. Nous achetons des robes.
2. Les étudiants écoutent la leçon.
3. J'apprends le français.
4. Ma fille m'écrit une lettre.
5. Tu n'assistes pas à la conférence.
6. Pourquoi choisissez-vous ce livre?
7. Le mécanicien répare la motocyclette.
8. Vous appelez les enfants
9. Nous ouvrons toutes les fenêtres.
10. Le secrétaire part.

2. Irregular verbs in the future tense

Some verbs have *irregular stems* in the future. The endings are the same.

Infinitive	Stem	Future Tense
avoir	aur-	j'aurai
être	ser-	tu seras
faire	fer-	il fera
aller	ir-	elle ira
venir	viendr-	on viendra
savoir	saur-	nous saurons
pouvoir	pourr-	vous pourrez
voir	verr-	ils verront
vouloir	voudr-	elles voudront

NOTE: The stem of each verb ends in the characteristic **r**. Other verbs also have irregular stems (e.g., envoyer: **enverr-**; courir: **courr-**; recevoir: **recevr-**). Check your dictionary if you are not sure.

Verrez-vous le médecin demain?	*Will you see the doctor tomorrow?*
Oui, je le **verrai** demain.	*Yes, I'll see him tomorrow.*
Quand **aura**-t-elle sa voiture?	*When will she have her car?*
Elle l'**aura** après-demain.	*She'll have it the day after tomorrow.*
Pourquoi ne **viendras**-tu pas demain?	*Why won't you come tomorrow?*
Parce que je **serai** trop fatigué.	*Because I'll be too tired.*

NOTE: The future is *always* used after **quand** (*when*) or **lorsque** (*when*) unless it means *whenever,* or refers to a past action. It is also used after **aussitôt que** and **dès que** (*as soon as*) if a future action is implied. Learn this usage carefully; it is contrary to English in which the present tense is used.

Exercise

Complete each of the following sentences with the future tense of the verbs in parentheses.

1. Nous ___ au cinéma avec Jacqueline. (aller)
2. Le médecin ne ___ pas vendre sa voiture. (vouloir)
3. ___-vous m'aider. (pouvoir)
4. Quand ___-tu à Montréal. (être)
5. Quel temps ___-t-il dimanche? (faire)
6. Je ne ___ personne aujourd'hui. (voir)
7. Le professeur ___ répondre. (savoir)
8. Elles n'___ pas le temps d'expliquer. (avoir)
9. Quand ___-t-il au bureau? (venir)
10. La vie ___ plus tranquille cet été. (être)

3. The conditional: le conditionnel

In French, the conditional of the verb uses exactly the same stem as the future tense. There is only one set of endings for all groups of verbs. The conditional is equivalent in meaning to *should* or *would* in English.

The Conditional		
Infinitive	*Stem*	*Endings*
dire	je **dir-**	ais
préférer	tu **préférer-**	ais
rougir	il elle on } **rougir-**	ait
aller	nous **ir-**	ions
venir	vous **viendr-**	iez
entendre	ils elles } **entendr-**	aient

NOTE:
- The endings are identical to those of the imperfect tense.
- The conditional *should* must not be confused with *should* (*ought to*), which is translated by the verb **devoir** (see Chapter 20).

- Verbs with irregular stems in the future tense have the same irregular stems in the conditional tense.

Voudriez-vous m'accompagner au théâtre?	*Would you like to accompany me to the theatre?*
Oui, je **voudrais** bien y aller.	*Yes, I would very much like to go there.*
Si j'achetais le billet, **viendrais**-tu à Paris?	*If I bought the ticket, would you come to Paris?*
Non, je ne **viendrais** pas à Paris.	*No, I would not come to Paris.*

Exercise

Change each of the following sentences by substituting the new subjects in parentheses. Then read them aloud.

1. J'aimerais acheter une nouvelle voiture. (tu, nous, ils, elle)
2. Serais-tu heureux avec Paule? (vous, il, nous, je)
3. Dirait-elle la vérité? (nous, ils, tu, vous)
4. Nous ne téléphonerions jamais à minuit. (je, elle, ils, vous)
5. Vous voudriez examiner la liste. (elle, nous, tu, je)

4. The irregular verbs **falloir** and **valoir**

The verb **falloir** (*to be necessary, must*) exists only in the third person masculine singular (**il**). It is an impersonal expression meaning *it is necessary* or *(someone) must*. **Falloir** is irregular in each simple tense and in its past participle. It is usually followed by an infinitive or by **que** and the subjunctive (see Chapter 18 for this latter usage).

falloir (*to be necessary, to need, must*)	
Présent:	Il **faut** dire la vérité.
Imparfait:	Il **fallait** dire la vérité.
Futur:	Il **faudra** dire la vérité.
Conditionnel:	Il **faudrait** dire la vérité.
Passé Composé:	Il **a fallu** dire la vérité.

ATTENTION! *It is not necessary* is expressed in two different ways in French, depending upon the meaning.

il ne faut pas = one must not (it is absolutely forbidden)
il n'est pas nécessaire = it is not necessary (but you can)

Attention! Vous allez vous faire mal!
Aïe! Je viens de me couper la main. **Il faut** la panser. **Il faut** m'emmener à l'hôpital.

Mais, non! **Il** n'est pas nécessaire de le faire; vous vous êtes blessé très superficiellement. **Il** vous **faut** tout simplement de l'aspirine.

NOTE: The chapter on the subjunctive will demonstrate how to use **il faut que** + any subject + the subjunctive to make a statement using **falloir** less impersonal.

Valoir (*to be worth*) is conjugated like **falloir** with the addition of feminine and plural forms.

---

valoir (*to be worth*)

il
elle } **vaut** beaucoup

ils
elles } **valent** beaucoup

Past Participle: **valu**
Future / Conditional Stem: **vaudr-**

NOTE: **Valoir** is frequently used as an impersonal expression: **il vaut** (*it is worth*).

Vaut-il la peine de réfléchir avant d'agir?   Oui, toujours.
Est-ce que ce vase **vaut** beaucoup?   Il ne **vaut** presque rien.

Exercises

A. Create a list of eight things that must be done.

1. Il faut . . .
2. Il faut . . .
3. Il faut . . .
4. Il faut . . .
5. Il faut . . .
6. Il faut . . .
7. Il faut . . .
8. Il faut . . .

B. Create a new list of eight things that must not be done or that do not need to be done.

1. Il ne faut pas . . .
2. Il ne faut pas . . .
3. Il ne faut pas . . .
4. Il ne faut pas . . .
5. Il n'est pas nécessaire . . .
6. Il n'est pas nécessaire . . .
7. Il n'est pas nécessaire . . .
8. Il n'est pas nécessaire . . .

C. Draw up a final list of five things worth the trouble of doing.

1. Il vaut la peine de . . .
2. Il vaut la peine de . . .
3. Il vaut la peine de . . .
4. Il vaut la peine de . . .
5. Il vaut la peine de . . .

5. Relative pronouns: subject and direct object

In French, relative pronouns perform the same function as in English: they join two unequal parts of a sentence, an independent clause and a dependent clause. The French pronouns are **qui, que,** and **ce qui, ce que**; they correspond to the English *who, which, that,* and *what* with the added distinction of being either subjects or direct objects of the verb in the dependent clause.

Relative Pronouns			
Subject		*Object*	
qui	who, which, that	**que**	whom, which, that
ce qui	what (that which)	**ce que**	what (that which)

NOTE: *That* (**que**) is often "understood" in English, it *must be stated in French.*

Est-ce que Bernard est le médecin **qui** a gagné le prix?
Oui, c'est lui **qui** l'a gagné.

Où est la maison **qui** est à vendre?
Elle est là.

Aimez-vous le dîner **que** j'ai préparé?
Oui, je l'aime beaucoup.

Avez-vous vu la jeune femme **que** nous avons invitée?
Oui, je l'ai déjà rencontrée chez Simon.

Dites-moi **ce qui** est arrivé.
Je ne sais pas.

Savez-vous **ce que** je pense?
Pas du tout!

NOTE: When the direct object pronoun **que** is used with a verb in the passé composé, the past participle agrees with it if the verb is conjugated with **avoir**; it is automatically a preceding direct object. Its number and gender are determined by its antecedent.

Avez-vous vu **la jeune femme que** nous avons **invitée?**

Relative Pronoun Object:	**que**
Antecedent:	**la jeune femme** (*fem. sing.*: therefore **que** is also feminine singular)
Past Participle:	**invitée** (*fem. sing.*)

Ce qui and **ce que** refer to something vague or indefinite as indicated by their meaning: *what.* In these expressions **ce** is the antecedent of **qui** and

que; therefore, agreement is never necessary; they are always masculine singular.

NOTE: **Tout** must be followed by **ce qui** or **ce que**.

The demonstrative pronoun (**celui, celle, ceux, celles**) can also be used with the relative pronoun. In this case, you must be attentive to the agreement in gender and number of the demonstrative pronoun with the word it replaces (see Chapter 11), and you must decide whether the relative pronoun is a subject or object.

Connaissez-vous le critique qui écrit pour *Le Monde?*
Non, je connais **celui qui** écrit pour *Le Figaro*.

Est-ce que Paul a pris des cerises?
Oui, il a pris **celles que** tu as mises sur la table.

Exercises

A. Complete each of the following sentences by adding either **qui** or **que**.

1. Voilà le professeur ____ j'aime.
2. Tu verras l'homme ____ t'as téléphoné.
3. La voiture ____ nous voulons acheter coûte très cher.
4. L'étudiante ____ connaît ma fille est absente aujourd'hui.
5. Pourquoi voulez-vous voir ce film ____ les critiques n'ont pas aimé?

B. Complete each of the following sentences by adding either **ce qui** or **ce que**.

1. Je vais acheter tout ____ sera nécessaire.
2. Je n'ai pas vu ____ vous avez fait.
3. Pourquoi demandez-vous ____ je n'ai pas.
4. Explique-nous ____ t'inquiète.
5. Vendez ____ n'est plus utile.

C. Complete each of the following sentences by adding the past participle of the verb. Pay particular attention to agreement.

1. Je n'aime pas les professeurs que vous avez ____. (inviter)
2. Les lettres que j'ai ____ étaient très longues. (taper)
3. La femme qui m'a ____ était très polie. (téléphoner)
4. Je n'ai pas compris ce que tu as ____. (dire)
5. Les trois chiens que mon ami a ____ sont extraordinaires. (acheter)

D. Complete each of the following sentences with the appropriate demonstrative and relative pronoun combination.

1. Avez-vous des livres? —Oui, j'ai ____ vous m'avez donnés.
2. Quel conférencier viendra demain, ____ est spécialiste de cinéma ou ____ se spécialise en théâtre?

3. Annie, veut-elle cette robe-ci ou ___ tu regardes.
4. ___ donne l'explication est votre fille, n'est-ce pas?
5. Regardez ces médecins! Je n'aime pas ___ ont l'air sévère.

Vocabulary

NOUNS

l'**aspirine** (*f.*)   aspirin
l'**attention** (*f.*)   attention, concentration
la **cerise**   cherry
le **chien**   dog
le **colis**   package
le **critique**   critic
l'**explication** (*f.*)   explanation
la **liste**   list
la **peine**   trouble, bother
le (la) **spécialiste**   specialist
le **vase**   vase
la **vérité**   truth

VERBS

accompagner   to accompany
agir   to act
amener   to take (*someone somewhere*)
(se) blesser   to hurt oneself
couper   to cut

coûter   to cost
se faire mal   to hurt oneself
falloir   to be necessary, must
inquiéter   to disturb
panser   to bandage
se spécialiser   to specialize in, to major in
valoir   to be worth

ADJECTIVES

absent(e)   absent
nécessaire   necessary
sévère   severe
tranquille   calm
utile   useful

ADVERBS

presque   almost
superficiellement   superficially, on the surface

USEFUL EXPRESSIONS

pas du tout   not at all

Test Yourself: Chapters 11–15

Chapter 11

A. Demonstrative pronouns

Answer each of the following questions, replacing the italicized words with a demonstrative pronoun.

1. Est-ce Marc préfère *ce pantalon-là?* Oui, . . .
2. Aiment-elles *ces chemisiers de Dior?* Oui, . . .
3. Connaissez-vous *cette jeune femme-ci?* Non, . . .
4. Achètes-tu *ces pommes-là?* Non, . . .

B. Reflexive verbs / Parts of the body / **Avoir mal**

Create sentences from the following groups of words.

1. Christian / se laver / mains.
2. Le conférencier / avoir mal / gorge.
3. Nous / aller / s'habiller / vite.
4. Se coucher (command: **tu** form) / immédiatement!

C. Parts of the body

Identify in French the parts of the face.

1. ___
2. ___
3. ___
4. ___
5. ___
6. ___
7. ___
8. ___
9. ___
10. ___
11. ___
12. ___

D. Verbs **croire** and **voir**

Rewrite each of the following sentences substituting the words in parentheses for the italicized words.

1. *Je* prévois un désastre. (nous, ils, elle)
2. *Le directeur* vous croit honnête. (ils, je, nous)

E. The passé composé

Change each of the following sentences from the present tense into the passé composé.

1. Elle reste à la maison.
2. Nous attendons un taxi.
3. Le petit chien frémit à cause du froid.
4. Vous mangez trop vite.
5. Robert se lève tard ce matin.

Chapter 12

A. Reciprocal verbs

Create sentences from the following groups of words.

1. Ce / deux amis / se connaître / bien. (*present tense*)
2. Catherine et Monique / se téléphoner / aujourd'hui. (*passé composé*)

B. Indefinite adjectives and pronouns

Give the equivalent pronoun for each of the words in parentheses.

1. J'ai vu ____ (une personne).
2. Elle en a vu ____ (quelques fleurs).
3. Nous avons vu ____ (une chose).

C. Negatives

Ask the questions that would have elicited the following responses. Do not use **ne ... pas.**

1. Si, j'ai vu un ami au théâtre.
2. Si, beaucoup de choses sont importantes.
3. Si, elle retrouve très souvent ses amis chez Philippe.

D. Verbs **s'asseoir** and **se plaire**

Rewrite each of the following sentences substituting the words in parentheses for the italicized words.

1. *Ils* s'asseyent vite. (tu, vous, elle)
2. *On* se plaît en France. (je, les touristes, nous)

Chapter 13

A. Negative and interrogative forms of the passé composé

Rewrite each of the following sentences, first using a negative, then asking a question. (Don't forget that the article may change when the verb is negative.)

1. Vous avez acheté des chaussures. (ne ... pas)
2. Elle a terminé trois leçons. (ne ... que)
3. M. Leclerc est allé à Bruxelles. (ne ... jamais)

B. Object pronouns with the passé composé and the infinitive / Agreement of the past participle

Rewrite the following sentences replacing the italicized words with an object pronoun.

1. Je veux acheter *la chemise blanche.*
2. Pourquoi n'avez-vous pas mangé *le biftek?*
3. A-t-il donné *la lettre à sa secrétaire?*
4. Tu n'a pas bien répondu *à ma question.*
5. J'ai écouté *tes histoires* avec plaisir.

C. Some irregular past participles

Complete each of the following sentences with the past participle of the verb in parentheses. (Don't forget the agreement, if necessary.)

1. Mon directeur est ___ fou. (devenir)
2. Je suis ___ le 4 décembre. (naître)
3. Elle a ___ trois romans. (lire)
4. Ils sont ___ de Paris. (venir)

D. The imperfect tense

Change each of the following sentences into the imperfect tense.

1. Nous choisissons des livres intéressants.
2. Elle est douce, ma mère.
3. Les acteurs racontent une belle histoire.
4. Je réfléchis à tes problèmes.
5. J'attends l'arrivée du train.

Chapter 14

A. **Depuis** and the imperfect tense

   Complete the following sentences with the verbs in parentheses.

   1. Je ___ (lire) depuis une heure quand tu ___ (arriver).
   2. Quand le téléphone ___ (sonner) je ___ (dormir) depuis 11 heures sur la chaise.

B. Verbs **devoir** and **recevoir**

   Rewrite these sentences substituting the words in parentheses for the italicized words.

   1. *Nous* devons étudier. (elle, ils, je)
   2. *Ils* reçoivent la lettre. (tu, vous, elle)

C. Uses of the passé composé and the imparfait

   Complete the following paragraph with the verbs in parentheses.

   Quand je ___ (être) enfant, je ___ (aller) souvent au cinéma avec ma sœur. Je me rappelle très bien une fois que nous y ___ (aller). Nous ___ (arriver) à la dernière minute. D'abord, ma sœur ne ___ pas (pouvoir) trouver l'argent, ensuite elle ___ (perdre) les billets. Ensuite, nous ___ (s'asseoir) mais, comme il ___ (faire) très noir dans la salle, je ___ (s'asseoir) sur les genoux d'une personne qui ___ (dormir).

D. **Depuis que** and **pendant que**

   Create a sentence from each group of words.

   1. Mon / amis / se parler (passé composé) / pendant que / ils / regarder / télévision.
   2. Mes / amis / s'aimer / depuis que / ils / se rencontrer (passé composé).

Chapter 15

A. Future tense of the verb / Conditional of the verb

   Rewrite the following sentences first in the future tense, then in the conditional.

   1. Je démissionne après la conférence.
   2. Tu lis mes pensées.
   3. Le professeur répond aux questions.
   4. Pourquoi rougissent-ils?
   5. Nous ne comprenons pas le problème.

B. Irregular verbs in the future tense and conditional tense

Complete the following sentences first in the future tense of the verb, then in the conditional tense.

1. Paul ____ (vouloir) vous téléphoner.
2. Nous ____ (être) heureux.
3. Elles ____ (pouvoir) le faire.
4. Tu ____ (aller) au cinéma.

C. Irregular verbs **falloir** and **valoir**

Rewrite each of these sentences changing the italicized expressions into the tense indicated in parentheses.

1. *Il faut* écrire une lettre immédiatement. (*imperfect, future*)
2. *Il ne vaut pas* soixante et onze dollars! (*future, passé composé*)

D. Relative pronoun

Complete each of the following sentences with the correct form of the relative pronoun.

1. Dites-moi ____ est arrivé.
2. Le patron ne comprend pas ____ vous avez dit.
3. Aimez-vous ces vases ____ vous regardez?
4. As-tu acheté la voiture ____ tu as regardée la semaine dernière.
5. C'est le film ____ a gagné tant de prix.

16

1. Relative pronouns: object of a preposition
2. Relative pronouns: object of the preposition **de**
3. The irregular verbs **craindre** and **peindre**
4. Disjunctive pronouns
5. The pluperfect tense of the verb: le plus-que-parfait

1. Relative pronouns: object of a preposition

Relative pronouns may also be the objects of prepositions. In this case, since the function always remains the same, i.e., object of a preposition, they are divided on the basis of what their antecedent represents: a person (*whom*), a thing (*which / that*), or something unspecified (*what*).

Relative Pronouns: Objects of Prepositions		
Antecedent	*Relative Pronoun*	*Meaning*
Person	**qui**	whom
Thing	**lequel**	which, that
Something Unspecified	**quoi**	what

NOTE:

- **Lequel** has four forms:

	Singular	*Plural*
Masculine	**lequel**	**lesquels**
Feminine	**laquelle**	**lesquelles**

These change to agree with the antecedent in person and number. They also contract with the preposition **à** (and **de**, which is explained separately):

auquel   **auxquels**
à laquelle   **auxquelles**

Voici les livres **auxquels** vous pensez.

- **Lequel** may be used to refer to persons when you mean one in a group. If you are not sure whether to use **qui** or **lequel** to refer to a person, use **qui**.

- **Où** may be used to refer to a place.

Voilà la maison **dans laquelle** j'habite.
               OR
Voilà la maison **où** j'habite.

Je cherche l'agence **derrière laquelle** j'ai garé ma voiture. Elle n'est pas loin.

Ma femme est la personne **sur qui** je compte toujours.
Je compte sur la mienne aussi; elle m'aide toujours.

Rappelle-toi **dans quoi** tu as caché nos passeports.
C'était dans une valise.

Exercises

A. Complete each of the following sentences by adding the correct relative pronoun.

    1. Monique est la responsable à ____ je vais écrire.
    2. Donne-moi le livre dans ____ il y a une note.
    3. Est-ce que c'est l'hôpital ____ tu es né?
    4. C'est ici la table sur ____ tu as posé nos billets.
    5. Pourriez-vous me dire avec ____ le douanier a ouvert les boîtes?

B. Write three original sentences in French using a relative pronoun for a person, a thing, or something unspecified as the object of the preposition in each sentence.

2. Relative pronouns: object of the preposition **de**

The preposition **de** requires a special construction when it is used with a relative pronoun. Instead of using **de** plus another word, **dont** is used for persons and things and **ce dont** for something unspecified.

Relative Pronoun: Object of **de**		
Antecedent	*Relative Pronoun*	*Meaning*
Person	dont	of whom, whose
Thing	dont	of which, of that
Something Unspecified	**ce dont**	of what

    J'ai besoin d'une valise pliante.
    J'ai la valise **dont** vous avez besoin.

    Comment s'appelle ce garçon-là?
    C'est Paul, **celui dont** le père voyage partout.

    Marianne est très contente aujourd'hui.
    Ce dont elle est si contente doit être bien intéressant.

    Verrez-vous Crispin Duplin demain?
    Crispin Duplin? Est-ce que c'est l'agent de voyages **dont** vous avez parlé tout à l'heure?

ATTENTION! There are a number of verbs or expressions in French that automatically require **de**; frequently they have no English equivalent (see Examples 1, 3, and 4 above):

    avoir besoin de   être content de
    avoir envie de   parler de
    avoir honte de   rêver de

NOTE: Any prepositional phrase ending in **de** requires one of these expressions in place of **dont: de qui, duquel, de laquelle, desquels, desquelles.** The three following prepositional phrases are among those more frequently used in French: **près de, en face de, loin de.**

Voilà le jeune homme près **duquel** je vous ai vu.

Exercise

Complete each of the following sentences with the correct relative pronoun: **dont** or **ce dont**.

1. Vous avez le livre ____ j'ai besoin.
2. Expliquez ____ vous parlez.
3. ____ elle a envie, c'est un bon verre de vin.
4. Voilà des actions ____ vous devez avoir honte.
5. Le voyage ____ je rêve ne va pas se réaliser.
6. La femme ____ les valises ont disparu est très malheureuse.

3. The irregular verbs **craindre** and **peindre**

The verbs **craindre** and **peindre** have two stems in the present tense.

craindre (to be afraid of)	**peindre** (to paint)
Je **crains** la mer.	Je **peins** un portrait.
Tu **crains** la mer.	Tu **peins** un portrait.
Il	Il
Elle } **craint** la mer.	Elle } **peint** un portrait.
On	On
Nous **craignons** la mer.	Nous **peignons** un portrait.
Vous **craignez** la mer.	Vous **peignez** un portrait.
Ils	Ils
Elles } **craignent** la mer.	Elles } **peignent** un portrait.
Past Participle: **craint**	*Past Participle:* **peint**
Future Stem: **craindr-**	*Future Stem:* **peindr-**

Qu'est-ce que votre époux **craint**?
Il **craint** les longs voyages transatlantiques.

Pourquoi **peignez**-vous ces murs?
Nous les **peignons** parce que ils sont sales.

The following verbs are conjugated like **craindre** and **peindre: plaindre** (*to pity*), **contraindre** à (*to force, restrain*), **atteindre** (*to reach*), **éteindre** (*to put out*), **feindre de** (*to pretend to*), **restreindre** (*to restrict*). **Joindre** (*to join*) is also conjugated in the same manner: **je joins, nous joignons.**

Exercises

A. Make questions from the following groups of words. Supply any missing words.

1. Tu / joindre (futur) / amis / à cinq heures?
2. Le guide / plaindre (imparfait) / voyageurs?
3. Pourquoi / M. Colin / feindre de (présent) / chercher / passeport?
4. Pourquoi / on / éteindre (passé composé) / lumière?

B. Create a dialogue with two partners in which you describe an ocean voyage taken by Monique and her jealous artist friend. Use as many new verbs as possible; for example: **joindre, peindre, craindre, contraindre, plaindre.** Read your dialogue aloud.

4. Disjunctive pronouns

The personal pronouns have special forms when used as objects of prepositions; in compound subjects or objects; after **c'est**; or for emphasis.

Disjunctive Pronouns			
moi	me / I	**nous**	us / we
toi	you	**vous**	you
lui	him / he	**eux**	they (*m.*) / them
elle	her / she	**elles**	they (*f.*) / them

Où est notre guide?
Il est derrière **toi.**

Quand allez-vous partir en vacances?
Nous, nous allons partir demain mais **lui,** il ne partira pas avant juillet.

Est-ce qu'il y a quelqu'un à la porte?
C'est **moi**!

Savez-vous où Marie et ses amis s'en sont allés.
Oui, Marie et **eux** sont allés au café Métropole.

Exercise

Replace the italicized words in each sentence with an appropriate disjunctive pronoun.

1. Ce sont *Paul et Marie.*
2. La gare est derrière *Monique.*
3. *Marianne et toi,* vous allez voyager.
4. Je parle de *ma mère.*
5. Il pense à *Jacqueline et moi.*

5. The pluperfect tense of the verb: le plus-que-parfait

The pluperfect tense indicates a past action that takes place before another action in the past. It corresponds to the English *had* with a past participle. This tense is formed by using the imperfect tense of the auxiliary verb **avoir** or **être** and the past participle.

Pluperfect Tense (plus-que-parfait)			
j'**avais donné**	*I had given*	j'**étais allé(e)**	*I had gone*
tu **avais donné**	*you had given*	tu **étais allé(e)**	*you had gone*
il / elle / on **avait donné**	*he / she / one had given*	il / elle / on **était allé(e)**	*she had gone*
nous **avions donné**	*we had given*	nous **étions allés(es)**	*we had gone*
vous **aviez donné**	*you had given*	vous **étiez allé(e, s, es)**	*you had gone*
ils / elles **avaient donné**	*they had given*	ils / elles **étaient allés(es)**	*they had gone*

NOTE: Any rules that applied to the passé composé also apply to the plus-que-parfait.

Avez-vous payé les billets?
Non, Jean les **avait payés** avant mon arrivée chez l'agent de voyage.

Est-ce que vous avez dîné ensemble?
Non, il **avait** déjà **mangé** quand je suis arrivé.

Quelle était la réaction des voyageurs?
Ils s'étonnaient de tout ce qu'ils **avaient vu.**

Exercises

A. Change each of the following sentences by substituting the words in parentheses for the subject in italics. Then read the new sentences aloud.

1. J'ai téléphoné à huit heures; *Suzanne* était déjà partie. (vous, ils, tu)
2. Nous avons mangé aujourd'hui le gâteau que *j*'avais préparé hier. (vous, ils, tu)
3. *Quelqu'un* avait déjà pris le journal que je voulais acheter. (vous, nous, tu)

B. Give the plus-que-parfait of the following verbs.

1. aller (tu)
2. finir (elle)
3. marcher (ils)
4. se lever (nous)
5. entendre (je)
6. comprendre (il)
7. ouvrir (tu)
8. se raser (vous)
9. faire (elles)
10. choisir (ils)

Vocabulary

NOUNS
la **boîte**   box
le **douanier**   custom's officer
la **douanière**   custom's officer
l'**épouse** (*f.*)   spouse, wife
l'**époux** (*m.*)   spouse, husband
le **guide**   guide, guidebook
la **lumière**   light
la **mer**   sea
le **mur**   wall
le **passeport**   passport
le **portrait**   portrait, picture
la **réaction**   reaction
le (la) **responsable**   the responsible person
la **valise**   suitcase

VERBS
atteindre   to reach, to attain
cacher   to hide
contraindre   to constrain, to force
craindre   to fear
s'en aller   to go away
éteindre   to put out
s'étonner   to be astonished
être content de   to be happy
feindre (de)   to pretend (to)
garer   to park
joindre   to join, to reach (*on the phone*)
peindre   to paint
plaindre   to complain
se rappeler   to remember
restreindre   to restrain
rêver de   to dream about

ADJECTIVES
pliant(e)   folding
sale   dirty
transatlantique   transatlantic

ADVERBS
partout   everywhere

PREPOSITIONS
derrière   behind
en face de   opposite, across from
loin de   far from
près de   near

USEFUL EXPRESSIONS
tout à l'heure   just now, soon

17

1. Interrogative pronouns
2. The irregular verbs **suivre** and **vivre**
3. The future perfect tense of the verb: le futur antérieur
4. The past conditional of the verb: le conditionnel antérieur
5. Conditional sentences: **si** clauses

1. Interrogative pronouns

The interrogative pronouns are used to begin a question. They are divided into two categories: persons (*who?*) and things (*what?*) and may be the subject of the verb, object of the verb, or object of a preposition.

	Interrogative Pronouns			
Function	*Person*		*Thing*	
Subj.	qui qui est-ce qui	} who?	qu'est-ce qui	what?
Dir. Obj.	qui qui est-ce que	} whom?	que qu'est-ce que	} what?
Obj. of Prep.	qui qui est-ce que	} whom?	quoi quoi est-ce que	} what?

A. Because these words are used to ask questions, the verb that follows must be inverted if the short form of the pronoun is used. The exception to this rule is the *subject* pronoun **qui**.

Qui t'as téléphoné?
La secrétaire à la banque m'a téléphoné.

Que voulait-elle?
Elle m'a dit que mes chèques étaient prêts.

Pour quoi allez-vous utiliser ces chèques?
Pour payer toutes mes notes.

B. The long forms of the pronoun, which are used very often in conversation, do not require inversion of the verb. The interrogative marker **est-ce** is already contained in the pronoun form thus making inversion unnecessary.

The long pronoun form is composed of three elements: an interrogative pronoun (**qui** or **que**), the interrogative marker (**est-ce**), and a function indicator (subject: **qui**; object: **que**).

Person or thing	?	*Subject or object*
qui	est-ce	qui
qui	est-ce	que
qu'	est-ce	qui
qu'	est-ce	que

Qu'est-ce que Jean-Pierre va faire?
Il va aller à la banque.

Qui est-ce qu'il va amener avec lui?
Personne. Il va y aller seul.

Qu'est-ce qui va se passer à la banque?
Jean-Pierre va verser de l'argent dans son compte.

NOTE: For the subject pronoun (*who?*), the short form **qui?** is most often used.

Exercises

A. Working with a partner, write five questions using each of the following interrogative pronouns.

1. qui est-ce que?
2. quoi?
3. qu'?
4. qu'est-ce qui?
5. de qui?

B. Exchange partners. The new partners now ask one another the questions prepared in Exercise A.

C. Complete the following sentences by providing the correct interrogative pronouns.

1. ____ est à la porte?
2. ____ avez-vous fait?
3. À ____ pensez-vous?
4. ____ a-t-il invité?
5. ____ vous allez rencontrer?
6. ____ est arrivé?
7. Sur ____ as-tu posé ton chéquier?
8. ____ nous allons faire à la banque?

2. The irregular verbs **suivre** and **vivre**

The verbs **suivre** (*to follow*) and **vivre** (*to live*) are irregular in the present tense.

suivre (to follow)	**vivre** (to live)
je **suis**	je **vis**
tu **suis**	tu **vis**
il / elle / on **suit**	il / elle / on **vit**
nous **suivons**	nous **vivons**
vous **suivez**	vous **vivez**
ils / elles **suivent**	ils / elles **vivent**
Past Participle: suivi	*Past Participle:* vécu
Future Stem: suivr-	*Future Stem:* vivr-

Qu'est-ce que vous êtes en train de faire?
Je **suis** mon ami Paul.

Votre ami Paul, **vit**-il ici?
Oui, il **vit** à Paris depuis trois mois.

Pourquoi le **suis**-tu?
Parce qu'il va à la banque et, moi, je veux emprunter de l'argent.

ATTENTION! **Je suis** (*I am*) and **je suis** (*I follow*) are identical in spelling. Meaning derives from the context of the sentence.

Exercise

Change each of the following sentences by substituting the subjects in parentheses; then read them aloud.

1. Je vis à New York. (nous, vous, ils, Jeanne)
2. Vous ne suivez pas la bonne route. (elle, tu, Pierre et Thomas, nous)
3. Depuis quand vivez-vous ici? (elle, on, tu, le professeur)
4. Tu me suis avec difficulté. (vous, Lisette, ils, on)

3. The future perfect tense of the verb: le futur antérieur

The futur antérieur of the verb corresponds to the English *shall have, will have* + the past participle. It is used to indicate completed future actions in the same way as the English tense. The futur antérieur is formed by using the future tense of **avoir** or **être** with a past participle.

Future Perfect Tense: Futur Antérieur	
With *avoir*	With *être*
j'aurai terminé	je serai allé(e)
tu auras fini	tu seras venu(e)
il, elle, on aura entendu	il, elle, on sera resté(e)
nous aurons dit	nous serons sortis(es)
vous aurez fait	vous vous serez rasé(e, s, es)
ils, elles auront vécu	ils, elles se seront habillés(es)

NOTE: Any rules that apply to the passé composé also apply to the futur antérieur.

Quand **auras**-tu **terminé** tes devoirs?
Je les **aurai terminés** après le déjeuner.

Est-ce que vos étudiants vont partir en vacances à la fin du semestre?
Bien sûr. La plupart d'entre eux **seront** déjà **partis** avant le début des vacances.

Exercise

Write a sentence or a question for each group of words using the futur antérieur each time. Then read them aloud.

1. Mes amis / sortir.
2. La banque / fermer / ses portes?
3. Les garçons / se raser / ne pas / avant / petit déjeuner.
4. Je / finir / mon travail / avant / ton arrivée.

4. The past conditional of the verb: le conditionnel antérieur

The conditionnel antérieur of the verb corresponds to the English *should have* or *would have* + the past participle. It is used to indicate a condition or possibility completed in the past. It is formed in French by using the conditional of **avoir** or **être** with the past participle.

Past Conditional: Conditionnel Antérieur	
With avoir	*With être*
j'**aurais versé**	je **serais devenu(e)**
tu **aurais rougi**	tu **serais monté(e)**
il / elle / on **aurait rendu**	il / elle / on **serait descendu(e)**
nous **aurions couru**	nous nous **serions nés(es)**
vous **auriez été**	vous vous **seriez étonné(e, s, es)**
ils / elles **auraient eu**	ils / elles se **seraient couchés(es)**

NOTE:

- *Should have* must not be confused with *should have (ought to have)*, which is translated by a tense of the verb **devoir** (see Chapter 20).
- Any rules that apply to the passé composé also apply to the conditionnel antérieur

Pourquoi n'es-tu pas venue, Marie? Tu te **serais** bien **amusée.**
Je le sais mais j'avais trop de travail.

Tu **aurais vu** des choses très drôles.
Oui, et après j'**aurais travaillé** jusqu'à minuit.

Exercises

A. List ten things you *would have done* on a trip to your favorite city. Use at least one reflexive verb and two verbs conjugated with **être**.

B. Change all the statements in Exercise A into the negative form.

C. Ask if your partner would have done each of the things in Exercise A. Exchange roles.

5. Conditional sentences: **si** clauses

Conditional sentences always contain two clauses: an independent clause and a dependent clause beginning with **si** (*if*). In French, there are three possible sequences of tenses for the verbs in the two clauses. The sequences in the following table indicate whether the activity would occur in the past, present, or future.

Conditional Sentences		
Si (*if*) *clause*	*Main clause*	*Time of action*
present	future tense	future
imperfect tense	conditional	present
pluperfect tense	conditional past	past

NOTE:
- The present tense or the imperative may also be used in the main clause with a **si** clause containing the present tense.
- The order of the clauses is not fixed; the **si** clause may either precede or follow the main clause.

S'il **pleut,** que **ferons**-nous?
S'il **pleut,** nous **irons** au cinéma.

Vous **auriez** de l'argent si vous **faisiez** des économies.
Oui, mais si je **faisais** des économies, je ne **pourrais** pas m'amuser.

Si elle **avait écouté** la radio, elle **aurait entendu** les informations.
Elle ne l'écoute jamais.

Exercise

Complete each of the following statements with three different possible actions.

1. S'il neige, . . .
2. Si tu ne me téléphonais pas, . . .
3. Si nous étions allés au théâtre, . . .

Vocabulary

NOUNS

la **banque**   bank
le **chéquier**   checkbook
le **compte**   account
le **début**   beginning
les **informations** (*f. pl.*)   news
la **radio**   radio
la **route**   road

VERBS

s'amuser   to have a good time, to have fun

emprunter   to borrow
se passer   to happen
suivre   to follow
utiliser   to use
verser   to deposit (*money*)
vivre   to live

ADJECTIVES

drôle   funny

18

1. The present subjunctive
2. Uses of the subjunctive
3. The past subjunctive
4. The irregular verbs **rire** and **sourire**

1. The present subjunctive

The subjunctive mood of the verb is generally used to express uncertainty or emotion. With very few exceptions, it appears in a dependent clause after the conjunction **que**.

A. Regular verbs of all three groups form the stem by dropping **-ent** from the **ils** form of the present tense. The subjunctive endings are the same for all verbs.

Present Subjunctive								
donner			*finir*			*attendre*		
	stem	endings		stem	endings		stem	endings
que je	donn-	e	que je	finiss-	e	que j'	attend-	e
que tu	donn-	es	que tu	finiss-	es	que tu	attend-	es
qu'il elle on	donn-	e	qu'il elle on	finiss-	e	qu'il elle on	attend-	e
que nous	donn-	ions	que nous	finiss-	ions	que nous	attend-	ions
que vous	donn-	iez	que vous	finiss-	iez	que vous	attend-	iez
qu'ils elles	donn-	ent	qu'ils elles	finiss-	ent	qu'ils elles	attend-	ent

Qu'est-ce que vous voulez?
Je veux qu'il **finisse** ses devoirs.

De quoi as-tu peur?
J'ai peur que nous **tombions**.

B. Irregular verbs, with the exception of **avoir** and **être**, all use the same present subjunctive endings as the regular verbs: **-e, -es, -e, -ions, -iez, -ent**. The irregular verbs fall into three categories: **avoir** and **être**, which are completely irregular; a few verbs with one stem; and those verbs with two stems.

Present Subjunctive of **avoir** and **être**	
avoir	*être*
que j'aie	que je sois
que tu aies	que tu sois
qu'il elle on } ait	qu'il elle on } soit
que nous ayons	que nous soyons
que vous ayez	que vous soyez
qu'ils elles } aient	qu'ils elles } soient

Present Subjunctive of Irregular One-Stem Verbs		
savoir	*faire*	*pouvoir*
que je **sache**	que je **fasse**	que je **puisse**
que tu **saches**	que tu **fasses**	que tu **puisses**
qu'il / elle / on **sache**	qu'il / elle / on **fasse**	qu'il / elle / on **puisse**
que nous **sachions**	que nous **fassions**	que nous **puissions**
que vous **sachiez**	que vous **fassiez**	que vous **puissiez**
qu'ils / elles **sachent**	qu'ils / elles **fassent**	qu'ils / elles **puissent**

Present Subjunctive of Irregular Two-Stem Verbs	
aller	*prendre*
que j'**aille**	que je **prenne**
que tu **ailles**	que tu **prennes**
qu'il / elle / on **aille**	qu'il / elle / on **prenne**
que nous **allions**	que nous **prenions**
que vous **alliez**	que vous **preniez**
qu'ils / elles **aillent**	qu'ils / elles **prennent**

NOTE: The first stem is used for all the singular forms and for the third-person plural; the other stem is used only for the **nous** and **vous** forms (this second stem corresponds to the stem of regular verbs of the three groups). Verbs ending in **-er** that contain orthographic changes have the same two stems as in the present indicative.

Other Irregular Two-Stem Verbs

boire	je **boive**	nous **buvions**
croire	je **croie**	nous **croyions**
devoir	je **doive**	nous **devions**
envoyer	j'**envoie**	nous **envoyions**
recevoir	je **reçoive**	nous **recevions**
tenir	je **tienne**	nous **tenions**
venir	je **vienne**	nous **venions**
voir	je **voie**	nous **voyions**
vouloir	je **veuille**	nous **voulions**

Que regrette-t-elle?
Elle regrette que nous ne **puissions** pas venir.

Que faut-il que Paul **fasse**?
Il faut qu'il **aille** chercher sa sœur.

Qu'est-ce que le professeur désire?
Il désire que tous les étudiants **soient** prêts pour l'examen.

Exercise

Supply the present subjunctive form of the verb that corresponds to each of the pronouns in parentheses; remember to use **que** before each verb.

1. qu'il ait   (vous, je, nous, on)
2. que vous ne fassiez pas   (je, elle, nous, tu)
3. qu'elles croient   (tu, Monique, je, nous)
4. que je chante   (vous, tu, Jacques et moi, elles)
5. que l'on ne prenne pas   (je, vous, elle, tu)
6. que nous soyons   (je, elles, il, vous)
7. que tu choisisses   (Jean-Paul, je, vous, ils)
8. que vous ne soyez pas   (tu, nous, elles, je)
9. qu'elle entende   (je, vous, nous, tu)
10. qu'ils viennent   (je, vous, elle, nous)
11. que vous deviez   (je, nous, tu, on)

2. Uses of the subjunctive

In French, the subjunctive mood of the verb is used very frequently. Its use falls into several categories:

1. after impersonal expressions
2. after verbs or expressions of wishing, doubting, and emotion
3. after certain conjunctions (see Chapter 19)

NOTE: The subjunctive has no future tense or conditional. The present subjunctive is used to express these actions; the past subjunctive is used to express all finished actions.

The subjunctive after impersonal expressions

Impersonal expressions, with the exception of those that express certainty or probability, must be followed by the subjunctive. The following tables represent a small sampling of both types of expressions.

Impersonal Expressions Requiring the Subjunctive	
il faut it is necessary, one must	**il est impossible** it is impossible
il est possible it is possible	**il est bon** it is good
c'est dommage it is a shame	**il est temps** it is time
il est important it is important	**il semble** it seems

Impersonal Expressions Requiring the Indicative	
il est évident it is evident	**il est probable** it is probable
il me semble it seems to me	**il est clair** it is clear
il est vrai it is true	**il est certain** it is certain

NOTE: If these expressions are negative or interrogative, they take the subjunctive.

Pourquoi pleures-tu?
Parce qu'**il est impossible** que tu **sois** si bête.

Avez-vous aimé le film?
Ah, oui! **Il est certain** que je l'**ai aimé**.

Pourquoi m'as-tu téléphoné?
Parce qu'**il faut** que tu **viennes**.

Est-ce qu'il est clair que je **comprenne**?
Il est clair que tu ne **comprends** rien.

Exercises

A. Complete each of the following sentences with the present indicative or the present subjunctive.

1. Est-il évident que Robert ___ trop? (boire)
2. Il est impossible que tu me ___ ainsi. (parler)
3. Il faut que nous ___ le professeur. (écouter)
4. Il est probable que le mécanicien ___ demain. (venir)
5. Il est temps que vous ___. (rentrer)

B. Ask a partner questions using both types of impersonal expressions. Exchange roles.

The subjunctive after verbs or expressions of wishing, doubting, and emotion

Expressions of Wishing	
vouloir / **désirer**	to wish, to want
demander / **insister**	to ask for, to insist
aimer mieux / **préférer**	to prefer

Expressions of Doubting		
douter	(to doubt)	
croire	to believe	*negative* or *interrogative,*
espérer	to hope	when doubt is implied
penser	to think	

Expressions of Emotion			
avoir peur	to be afraid	**être content**	to be glad
craindre	to fear	**être heureux**	to be happy
regretter	to be sorry	**être surpris**	to be surprised
s'étonner	to be astonished		

Pourquoi êtes-vous si content?
Je **suis content** que vous **soyez** là, mais je **doute** fort que vous **restiez** longtemps. Je **voudrais** que vous **veniez** me rendre visite plus souvent.

ATTENTION! If the subject of both clauses is the same, the infinitive is used instead of the subjunctive.

Que veux-tu?
Je veux **danser.**

Exercises

A. Provide the correct form of the verb (indicative, subjunctive, infinitive) in each of the following sentences.

1. Espères-tu qu'il ___? (réussir)
2. Je suis heureux que vous ___. (venir)
3. Elle préfère ___. (chanter)
4. Vous regrettez que je ___. (boire)
5. Nous croyons qu'elles ___ au cinéma. (aller)

B. Choose a partner. Ask each other the following questions.

1. Avez-vous peur que le mécanicien fasse des réparations inutiles?
2. Est-ce que le professeur doute que nous étudiions?
3. Veut-il que le médecin te donne des médicaments?

3. The past subjunctive

The past subjunctive corresponds to the passé composé of the indicative mood. It is formed by using the present subjunctive of **avoir** or **être** with the past participle. It is used to express an action that has already occurred.

	The Past Subjunctive	
	With avoir	*With être*
	que j'aie parlé	que je **sois** allé(e)
	que tu **aies** rougi	que tu **sois** tombé(e)
	qu'il / elle / on } **ait** entendu	qu'il / elle / on } **soit** venu(e)
	que nous **ayons** pris	que nous **soyons** devenus(es)
	que vous **ayez** pu	que vous **soyez** resté(e, s, es)
	qu'ils / elles } **aient** voulu	qu'ils / elles } **soient** descendus(es)

NOTE: Any rules that apply to the passé composé also apply to the past subjunctive.

Est-ce que Jean-Paul est déjà parti?
Je doute qu'il **soit** déjà **parti** parce que j'ai les clés de sa voiture.

Pourquoi Margot est-elle arrivée si tard?
Je ne sais pas, mais c'est dommage qu'elle **soit arrivée** si tard car elle a manqué le début du film.

Exercise

Supply the past subjunctive form of the verb that corresponds to each of the pronouns in parentheses; remember to use **que** before each verb.

1. que j'aie vu   (tu, ils, elle, vous)
2. que vous ne soyez pas tombés   (il, elles, nous, je)
3. que M. Vincent ait vendu   (nous, elle, je, vous)

4. The irregular verbs **rire** and **sourire**

Rire (*to laugh*) and **sourire** (*to smile*) are irregular in the present tense.

rire (*to laugh*)	**sourire** (*to smile*)
je **ris**	je **souris**
tu **ris**	tu **souris**
il / elle / on } **rit**	il / elle / on } **sourit**
nous **rions**	nous **sourions**
vous **riez**	vous **souriez**
ils / elles } **rient**	ils / elles } **sourient**
Past Participle: ri	*Past Participle:* souri
Future Stem: rir-	*Future Stem:* sourir-
Imperfect Stem: ri-	*Imperfect Stem:* souri-

ATTENTION! The imperfect tense of these verbs is regular. Be careful, however. The plural forms (**nous, vous**) will use **i** twice: **nous riions, vous riiez**.

Pourquoi **souriez**-vous?
Je **souris** parce que des gens qui passaient sous la fenêtre **riaient** de si bon cœur.

Exercises

A. In a complete sentence describe why each of the following persons *were* laughing at last night's movie.

Modèle: Je . . . parce que . . .
Je riais parce que le film était drôle.

1. Le banquier . . . parce que . . .
2. L'actrice . . . parce que . . .
3. Mes amis . . . parce que . . .
4. Nous . . . parce que . . .
5. Vous . . . parce que . . .

B. In a complete sentence give a reason why each of the following people smile.

Modèle: Le médecin . . . parce que
Le médecin sourit parce qu'il a terminé sa lecture.

1. Les parents . . . parce que . . .
2. L'étudiante . . . parce que . . .
3. Vous et votre ami(e) . . . parce que . . .
4. Je . . . parce que . . .

Vocabulary

NOUNS
la **clé**   key
la **fenêtre**   window
les **gens** (*m. pl.*)   people
la **lecture**   reading
la **réparation**   repair

VERBS
douter   to doubt
insister   to insist
manquer   to miss
regretter   to be sorry

réussir   to succeed
rire   to laugh
sourire   to smile

ADJECTIVES
bête   stupid
inutile   useless
prêt(e)   ready

USEFUL EXPRESSIONS
c'est dommage   it is a shame
de si bon cœur   so heartily

il est certain   it is certain
il est clair   it is clear
il est évident   it is evident
il est important   it is important
il est impossible   it is impossible
il est possible   it is possible

il est probable   it is probable
il est temps   it is time
il est vrai   it is true
il faut que   it is necessary, must
il semble   it seems
il me semble   it seems to me

19

1. Use of the past subjunctive
2. The subjunctive after certain conjunctions
3. The infinitive
4. The verb **envoyer**

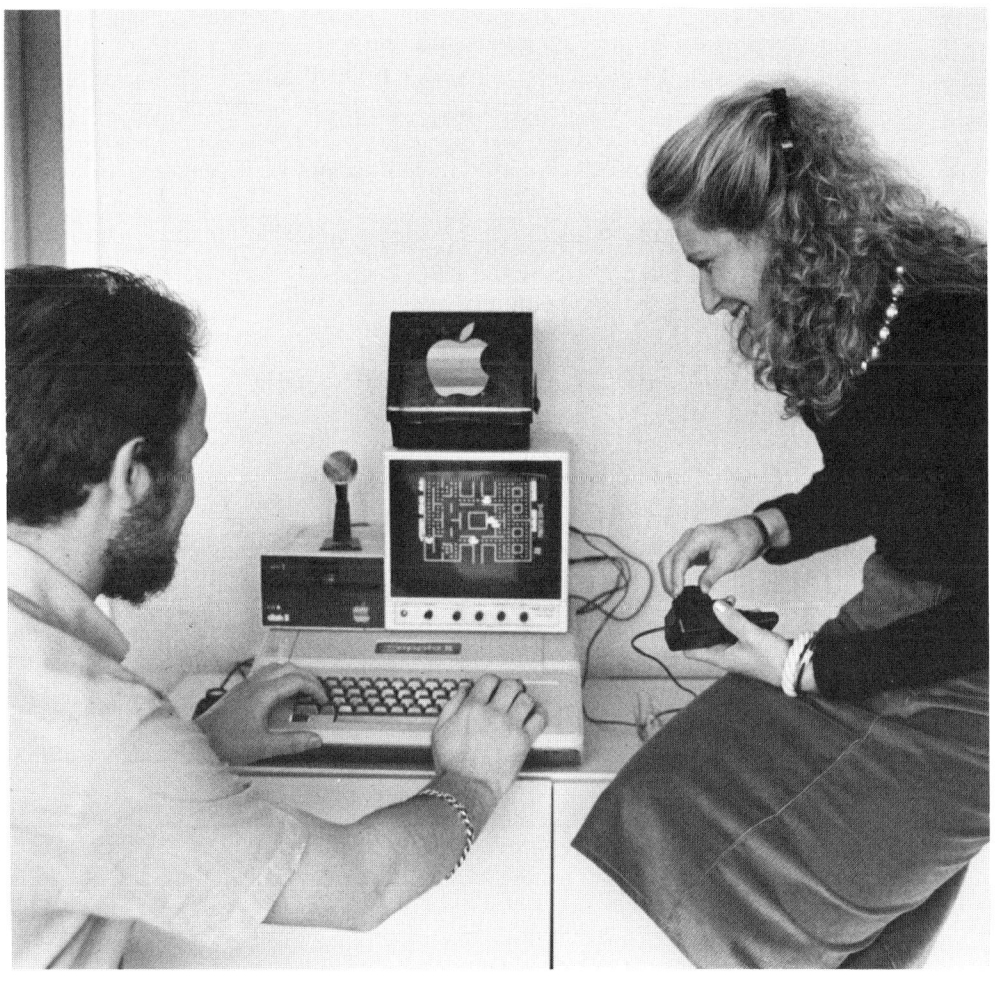

1. Use of the past subjunctive

The past subjunctive is used to express an action that occurred before the action indicated by the main verb.

> Hier, j'ai assisté à une représentation à la Comédie Française.
> C'est dommage que vous y **soyez allé** hier; aujourd'hui c'est gratuit.

ATTENTION! The past subjunctive follows the same impersonal expressions, verbs, etc., as the present subjunctive (see Chapter 18 if you need to review the rules for the use of the subjunctive).

Exercise

Complete each group of sentences with the correct form of the present and past subjunctive. Read each sentence carefully to find clues to help you decide which form to use.

1. Je regrette que tu ne ____ pas (venir) hier.
   Je regrette que tu ne ____ pas (venir) aujourd'hui.
2. Il est possible que le directeur ____ (prendre) une décision demain.
   Il est possible que le directeur ____ (prendre) déjà une décision.
3. Avant que mes collègues me ____ (téléphoner), je vais consulter un dossier important.
   Avant que mes collègues me ____ (téléphoner), j'ai consulté un dossier important.

2. The subjunctive after certain conjunctions

The subjunctive must be used after certain conjunctions. Many of those conjunctions are listed below, followed by similar conjunctions that require the indicative.

Subjunctive after Certain Conjunctions	
afin que } in order that, so that **pour que**	**à moins que** unless **jusqu'à ce que** until
bien que } although **quoique**	**pourvu que** provided that **sans que** without
avant que before	

Indicative after Certain Conjunctions	
après que after	**pendant que** while
aussitôt que } as soon as **dès que**	**peut-être que** perhaps **puisque** since
parce que because	**tandis que** whereas

NOTE: If the subject of both clauses is the same, the conjunction is changed to the corresponding preposition, if possible, and is followed by an infinitive. This change is possible with the following prepositions: **afin de, avant de, pour, sans, à moins de.**

Nos amis vont téléphoner **avant de** venir.
Quelle bonne idée!

Quoique je **sois** très bavarde, mes amis m'invitent toujours.
Ils sont très gentils.

Exercise

Complete each of the following sentences with either the indicative or subjunctive in the appropriate tense.

1. Pourvu que Paul ___ au supermarché, nous dinerons ce soir. (aller)
2. Le banquier a refusé l'argent avant que nous ___ expliquer. (pouvoir)
3. Elle m'a souri après que je ___ la lecture. (terminer)
4. Bien que tu ___, je n'ai rien dit. (mentir)
5. Pendant que le sécretaire ___ une lettre, le téléphone a sonné. (taper)

3. The infinitive

In French, the infinitive is usually used after another verb. The relationship of the verb and infinitive is divided into three categories: verb + infinitive, verb + **à** + infinitive, verb + **de** + infinitive. It is the verb, not the infinitive, that determines whether the infinitive follows the verb immediately or is separated from it by **à** or **de**. The following is a partial list of these verbs; refer to the dictionary to check other verbs.

Verbs followed by Infinitives		
Verb + Infinitive	*Verb + à + Infinitive*	*Verb + de + Infinitive*
aimer	aider à	accepter de
aimer mieux	apprendre à	choisir de
aller	avoir à	décider de
croire	commencer à	dire de
désirer	continuer à	écrire de
devoir	enseigner à	essayer de
faire	hésiter à	finir de
falloir (il faut)	inviter à	oublier de
pouvoir	réussir à	promettre de
savoir	s'amuser à	refuser de
venir	s'habituer à	remercier de
voir	tenir à	téléphoner de
vouloir	travailler à	

Pourquoi as-tu décidé de me téléphoner hier?
Je **voulais t'inviter à** venir au théâtre: aurais-tu **accepté d'y aller**?
Bien sûr, je n'aurais pas **hésiter à accepter.**

ATTENTION!

- The infinitive is also frequently used after the prepositions **sans** and **pour**.

    Pourquoi Georges est-il parti **sans** nous **parler**?
    Il reviendra bientôt. Il nous a quitté **pour aller acheter** de la bière.

- After the preposition **après** (and sometimes after **sans, pour**), the past infinitive is used (**avoir** or **être** + the past participle). It indicates a completed action.

    Après avoir acheté de la bière, Georges est retourné chez ses amis et ils on bu ensemble **après s'être dit** bonjour.

Exercises

A. Complete each of the following sentences with **à, de,** or X, if no preposition is necessary.

1. Est-ce que le médecin hésite ____ parler?
2. Nous allons essayer ____ vous aider.
3. Vous devez ____ répondre à sa lettre.
4. Je vous remercie ____ nous accompagner.
5. Elles sont allées ____ acheter des bonbons.
6. Tu t'amuseras ____ regarder les passants.
7. Pourquoi a-t-il tant désiré ____ venir?
8. Elle aurait commencé ____ comprendre si j'avais mieux expliqué.
9. Qui désire ____ nous voir?
10. Nos parents tiennent ____ nous protéger.

B. Complete each of the following sentences with one of the words provided. Make any changes necessary.

remercier   hésiter   réussir   téléphoner

1. Sans ____, le secrétaire a copié la lettre.
2. Mon amie est descendue du train pour me ____.
3. Après ____ tout le monde, la conférencière s'est assise.
4. Il faut avoir du courage pour ____ dans la vie.

When an infinitive follows **c'est** and an adjective, the preposition **à** is used. When an infinitive follows the impersonal expression **il est** and an adjective, **de** is used. **Il / elle est** and **ils / elles sont** (expressions referring to people or things) are followed by **à** and the infinitive.

NOTE: **Il est** is used when the infinitive is followed by an object. **C'est** is used when there is no object; it has already been mentioned earlier. Examine each of the following examples carefully.

Aimez-vous conduire une voiture?
Oui, **c'est** facile à faire.
Moi, je crois qu'**il est** plus facile **de** rouler à bicyclette.

Il est amusant **de** regarder les enfants, n'est-ce pas?
Oui, **ils sont** toujours agréables à regarder.

Qui aimez-vous?
J'aime Émile. **Il est** facile à connaître.

Exercise

Write four original sentences illustrating the difference between the impersonal expressions **c'est** and **il est** with an adjective and an infinitive. Then write two more sentences using **il / elle est** or **ils / elles sont** with an adjective and an infinitive.

4. The verb **envoyer**

The verb **envoyer** (*to send*) is an orthographic-changing verb in the present tense (indicative and subjunctive) and has an irregular stem in the future and conditional. Because this verb is used so frequently, it is presented here to help you remember its special forms.

envoyer (*to send*)	
j'**envoie**	nous **envoyons**
tu **envoies**	vous **envoyez**
il / elle / on **envoie**	ils / elles **envoient**

Future: enverr-
Conditional: enverr-
Past Participle: envoyé
Present Subjunctive: j'**envoie** / nous **envoyions**

Je ne reçois jamais les lettres que tu m'**envoies** de France.
C'est dommage. Je t'**envoie** une lettre tous les quinze jours.

Exercise

Ask a partner the following questions; then exchange roles.

1. Est-ce que tu as envoyé un cadeau à tes parents?
2. Pourquoi ton frère envoie-t-il tant de courrier?
3. Quand le professeur a-t-il envoyé la lettre?
4. Qui enverra de l'argent à Stéphane?

Vocabulary

NOUNS

le **cadeau** gift
le (la) **collègue** colleague
la **décision** decision
la **représentation** performance
le **supermarché** supermarket

VERBS

assister à to be present at
avoir raison to be right
consulter to consult
envoyer to send
hésiter hesitate
interrompre to interrupt
mentir to lie
regretter to regret
remercier to thank
rouler à bicyclette to ride a bike
sonner to ring

ADJECTIVES

amusant(e) amusing
bavard(e) talkative
gratuit(e) free

PREPOSITIONS

à moins de without
afin de in order to
avant de before
pour in order to
sans without

CONJUNCTIONS

à moins que unless
afin que in order that, so that
après que after
aussitôt que as soon as
avant que before
bien que although
dés que as soon as
jusqu'à ce que until
pendant que while
peut-être que perhaps
pour que in order that, so that
pourvu que provided that
puisque since
quoique although
sans que without
tandis que whereas

20

1. The present participle
2. Uses of the verb **devoir**
3. The passive voice
4. The passé simple and the passé antérieur tenses

1. The present participle

The present participle, which ends in -ant in French corresponds to the English present participle ending in -ing. It is formed by dropping **-ons** from the **nous** form of the present tense of both regular and irregular verbs and adding **-ant.**

	Present Participle		
Nous Form	*Stem*	*Ending*	
allons	all-	ant	**allant**
faisons	fais-	ant	**faisant**
recevons	recev-	ant	**recevant**
donnons	donn-	ant	**donnant**
finissons	finiss-	ant	**finissant**
rendons	rend-	ant	**rendant**

NOTE: Some French present participles are used as adjectives.

Où est ta **charmante** sœur?
Je l'ai vue **chantant** devant sa fenêtre.

En **venant** ici, j'ai vu un accident horrible.
Est-ce qu'il y avait des blessés?

ATTENTION! Only three verbs have irregular present participles:

avoir   **ayant**
être   **étant**
savoir **sachant**

NOTE:

- When used as an adjective, the present participle agrees with the word it modifies.
- The preposition **en** is sometimes used with the present participle to underline the simultaneity of the action. **En** means *while, by, in, on, upon.* **Tout en** may also be used before the present participle to mean *while.*

Tout en parlant, le chef a préparé le dîner.

Exercise

Ask a partner the following questions; then exchange roles.

1. Qu'est-ce que le professeur a dit en entrant dans la classe?
2. Qu'est-ce qu'on apprend en voyageant?
3. As-tu vu des amis en venant ici?
4. Que fais-tu en regardant la télévision?

2. Uses of the verb **devoir**

Devoir, when followed by the infinitive, expresses obligation or probability. The meaning varies according to the tense used.

Meanings of **devoir** (obligation: to have to, to be supposed to)	
Present Je **dois** finir.	*I must finish.* *I have to finish.* *I am supposed to finish.*
Imperfect Je **devais** finir.	*I had to finish.* *I was supposed to finish.*
Future Je **devrai** finir.	*I shall have to finish.*
Conditional Je **devrais** finir.	*I ought to finish.* *I should finish.*
Passé Composé J'**ai dû** finir.	*I have had to finish.* *I had to finish.*
Past Conditional J'**aurais dû** finir.	*I ought to have finished.* *I should have finished.*

Meanings of **devoir** (probability: *must, probably*)		
	Tense	*Meaning*
Present:	Il **doit** être en retard	*He must be late.*
Imperfect:	Il **devait** être en retard	*He was probably late.*
Passé Composé:	Il **a dû** être en retard	*He must have been late.*
Pluperfect:	Il **avait dû** être en retard	*He probably had been late.*

NOTE: The future, conditional, and past conditional never indicate probability.

Obligation

A quelle heure **devras**-tu partir? Je **devrai** partir à 11 heures.
Est-ce qu'il est déjà arrivé? Non, il **a dû** avoir un accident.

Probability

Pourquoi Jean est-il absent? Il **doit** être malade.
Est-ce que tu a écrit à ta mère? Non, je **devrais** lui écrire tout de suite.

Exercise

Write three questions using **devoir** to indicate obligation; then write three more questions to indicate probability. Use a different tense each time. Ask your partner the questions; exchange roles.

3. The passive voice

In the passive voice, in French and in English, the receiver of the action is the subject of the verb. This is the opposite of the active voice, in which the receiver of the action is the object of the verb. The formation of the passive in French also corresponds to that in English: any tense of **être** with the past participle. The tense is determined by the tense of **être**. The past participle agrees with the subject.

Le ballon **est lancé** par le garçon.
La voiture **était conduite** par la jeune fille.
Les plats **seront préparés** par le chef.
La maison **serait vendue** par notre agent.
La voiture **a été réparée** par le mécanicien.
Les cadeaux **avaient été distribués** par le père.
Les livres **auront été lus** par les étudiants.
Le concert **aurait été présenté** par les musiciens.

NOTE: In French the passive is used less frequently than in English. It can be replaced either with the reflexive form of the verb or with the **on** form.

Le pain **est vendu** chez le boulanger.
On vend du pain chez le boulanger.
    OR
Le pain **se vend** chez le boulanger.

Exercises

A. Change the following sentences from active to passive voice.

1. Le professeur donnera une conférence.
2. Les médecins guérissent les malades.
3. Les comédiens ont présenté une comédie.
4. Ma mère aura préparé un biftek.

B. Answer the following questions using either **on** or a reflexive form of the verb.

1. Où peut-on acheter du biftek?
2. Où parle-t-on français?
3. Où achète-t-on les journaux?

4. The passé simple and the passé antérieur tenses

The passé simple and passé antérieur are two literary tenses used to express past time. The passé simple is the literary equivalent of the passé composé and is used in conjunction with the imparfait. The passé antérieur is the literary equivalent of the plus-que-parfait and is the past of either the passé simple or the imparfait. These tenses are presented here for recognition only.

Passé Simple	
Formation:	stem (infinitive − ending) + verb endings
Verb Endings:	Group I (**-er**): **ai, as, a, âmes, âtes, èrent**
	Group II (**-ir**) and III (**-re**): **is, is, it, îmes, îtes, irent**
	Irregular Verbs: **-s, -s, -t, -mes, -tes, -rent**

Passé Antérieur		
Formation:	passé simple of **avoir** or **être** + the past participle	
	avoir	*être*
Stem:	**eu**	**fu**
	j' **eus** parlé	je **fus** rentré

Hamlet **pensa** à son père mort.
Le roi **fut couronné** à Reims.

Vocabulary

NOUNS

l'**accident** (*m.*)   accident
le **ballon**   ball
le (la) **blessé(e)**   wounded person
le **boucher**   butcher
le **boulanger**   baker
la **boulangère**   baker
le **chef**   head cook, boss
la **comédie**   comedy
le **comédien**   actor
la **comédienne**   actress
la **fourchette**   fork

le **maître**   master
le **musicien**   musician
le **roi**   king

VERBS

couronner   to crown
guérir   to cure

ADJECTIVES

charmant(e)   charming
horrible   horrible

Test Yourself: Chapters 16–20

Chapter 16

A. Relative pronouns: object of a preposition / Object of the preposition **de**

Complete each of the following sentences with the correct relative pronoun.

1. Montre-moi le bureau dans ___ tu travailles.
2. Voilà la jeune fille avec ___ il a nettoyé la voiture.
3. Je connais le garçon ___ le père est mort.
4. Voici la chaise sous ___ elle a vu le portefeuille.
5. Je n'ai pas reconnu la personne avec ___ tu te promenais hier.

B. Irregular verbs **craindre** and **peindre**

Rewrite each of the following sentences substituting the words in parentheses for the italicized words.

1. *Vous* ne craignez rien.   (je, nous, elle)
2. *L'artiste* peint bien.   (nous, tu, ils)

C. Disjunctive pronouns

Respond to the following questions using a disjunctive pronoun in each response.

1. Est-ce que c'est Paul à la porte? Oui, c'est . . .
2. Parles-tu de ton patron? Oui, je . . .
3. Veux-tu t'asseoir à côté de Jacqueline? Oui, je . . .

D. Pluperfect tense of the verb

Give the pluperfect tense of the verbs in parentheses in each of the following sentences.

Model: Avant ton arrivée, j'**avais** déjà **téléphoné** au médécin.

1. Avant ton arrivée, elle . . .   (écrire)
2. Avant ton arrivée, nous . . .   (aller chez elle)
3. Avant ton arrivée, elles . . . (répondre)
4. Avant ton arrivée, vous . . .   (parler) au téléphone.

Chapter 17

A. Interrogative pronouns

Complete each of the following sentences by providing the correct interrogative pronouns.

1. ____ frappe à la porte? Est-ce que c'est Paul?
2. De ____ parlez-vous? De notre classe?
3. ____ vous désirez, madame? Des pommes vertes?
4. ____ tu as vu? Ton oncle?
5. ____ faites-vous, Angélique? Écrivez-vous des lettres?

B. Irregular verbs **suivre** and **vivre**

Rewrite each of the following sentences substituting the words in parentheses for the italicized words.

1. *Nous* suivons une route difficile. (je, elle, ils)
2. *Tu* vis tranquillement. (vous, il, nous)

C. The future perfect tense of the verb / The past conditional of the verb

Change the verbs in each of the following sentences first to the future perfect, then to the past conditional.

1. Nous sortons à cinq heures.
2. Je fais mes valises.
3. Vous répondez trop vite.
4. Elle détaille son procédé.

D. Conditional sentences: **si** clauses

Complete each of the following sentences with the appropriate tense of the verb in parentheses.

1. Si tu m'invites, je . . . (venir)
2. Si tu m'invitais, je . . . (venir)
3. Si tu m'avais invitée, je . . . (venir)

Chapter 18

A. The present subjunctive

Give the present subjunctive of each of the following verbs.

1. que je ____ (parler)
2. qu'elle ____ (faire)
3. que l'acteur ____ (attendre)
4. que vous ____ (avoir)
5. qu'ils ____ (savoir)
6. qu'il ____ (finir)
7. que tu ____ (être)
8. que je ____ (aller)
9. qu'elles ____ (venir)
10. que nous ____ (rendre)

B. Uses of the subjunctive

Create sentences from the following groups of words.

1. être temps (present) / tu / répondre / la question
2. nous / vouloir (imperfect) / elle / faire du piano
3. être certain (present) / faire beau / demain
4. Madeleine / regretter (present) / vous / être en retard
5. il / ne pas / penser (present) / Paul / venir / demain
6. mon père / vouloir (future) / elle / voir / mes notes

C. The past subjunctive

Rewrite each of the following sentences substituting the words in parentheses for the italicized verbs.

1. Il semble qu'il n'*ait pas étudié*. (nous, tu, elles)
2. Je regrette que Thomas *soit déjà parti*. (ils, Margot, nous)

D. The irregular verbs **rire** and **sourire**

Complete each of the following sentences using the verb in parentheses in the tense indicated.

1. Nous ___ parce que tu es si drôle. (rire, *present*)
2. Je ne ___ pas. (sourire, *imperfect*)
3. Pourquoi ___-vous? (rire, *imperfect*)
4. Ne ___ pas tout le temps, petit Paul. (rire, *imperative*)

Chapter 19

A. Use of the passé composé subjunctive

Complete the following sentences with the past subjunctive of the verbs in parentheses.

1. C'est dommage que tu ___ hier. (téléphoner, *negative*)
2. Je doute fort que Pierre ___ déjà ___ sa voiture. (vendre)
3. Elle a regardé sa montre avant que vous ___ l'heure. (demander)

B. The subjunctive after certain conjunctions

Complete each of the following sentences with either the indicative or subjunctive in the appropriate tense.

1. Je suis content puisque vous m' ___ (aimer).
2. Bien que vous ___ (arriver) hier, je suis toujours vexé.
3. Je resterai vexé jusqu'à ce que vous ___ (expliquer) votre absence.

C. The infinitive

Add a missing preposition to each of the following sentences. If no preposition is needed, add X.

1. ____ avoir donné une réponse, Jacques s'est assis.
2. Je refuse ____ accepter votre explication.
3. Elle ne peut pas continuer ____ parler.
4. Sais-tu ____ conduire une voiture?
5. Rouler à bicyclette, c'est facile ____ faire.
6. Il n'est pas raisonnable ____ téléphoner à quelqu'un à trois heures du matin.

D. The irregular verb **envoyer**

First give the tense indicated; then rewrite each sentence with the new subjects in parentheses. Remember to change the possessive adjective also.

1. J'____ une lettre demain. (future) / (nous, ils, vous)
2. Elle t'____ ses remerciements. (present) / (ils, vous, je)

Chapter 20

A. The present participle

Complete each of the following sentences with the present participle of the verb in parentheses.

1. Tout en ____, elle nous a expliqué le problème. (pleurer)
2. J'ai téléphoné ____ que tu serais là. (savoir)
3. C'était un événement très ____. (décevoir)

B. Meanings of **devoir**

Express the following sentences in French.

1. We ought to telephone.
2. She must help.
3. They were supposed to go to Paris.

C. Passive voice

Change each of the following sentences into the passive voice.

1. Le professeur explique la leçon.
2. Le chien protégeait le bébé.
3. L'enfant a mangé la pomme.

Appendix A: Verb Conjugations

Conjugaisons régulières et **avoir, être**

INFINITIF ET PARTICIPES			INDICATIF		
			PRESENT	IMPARFAIT	PASSE SIMPLE
1. verbes en **-er**		je	parle	parlais	parlai
parler		tu	parles	parlais	parlas
(speak)		il	parle	parlait	parla
parlant		nous	parlons	parlions	parlâmes
parlé		vous	parlez	parliez	parlâtes
		ils	parlent	parlaient	parlèrent
			PASSE COMPOSE	PLUS-QUE PARFAIT	
		j'	ai parlé	avais parlé	
		tu	as parlé	avais parlé	
		il	a parlé	avait parlé	
		nous	avons parlé	avions parlé	
		vous	avez parlé	aviez parlé	
		ils	ont parlé	avaient parlé	
			PRESENT	IMPARFAIT	PASSE SIMPLE
2. verbes en **-ir**		je	finis	finissais	finis
finir		tu	finis	finissais	finis
(finish)		il	finit	finissait	finit
finissant		nous	finissons	finissions	finîmes
fini		vous	finissez	finissiez	finîtes
		ils	finissent	finissaient	finirent
			PASSE COMPOSE	PLUS-QUE-PARFAIT	
		j'	ai fini	avais fini	
		tu	as fini	avais fini	
		il	a fini	avait fini	
		nous	avons fini	avions fini	
		vous	avez fini	aviez fini	
		ils	ont fini	avaient fini	

	CONDITIONNEL	IMPERATIF	SUBJONCTIF
FUTUR	PRESENT		PRESENT
parlerai	parlerais		parle
parleras	parlerais	parle	parles
parlera	parlerait		parle
parlerons	parlerions	parlons	parlions
parlerez	parleriez	parlez	parliez
parleront	parleraient		parlent
FUTUR ANTERIEUR	ANTERIEUR		PASSE
aurai parlé	aurais parlé		aie parlé
auras parlé	aurais parlé		aies parlé
aura parlé	aurait parlé		ait parlé
aurons parlé	aurions parlé		ayons parlé
aurez parlé	auriez parlé		ayez parlé
auront parlé	auraient parlé		aient parlé
FUTUR	PRESENT		PRESENT
finirai	finirais		finisse
finiras	finirais	finis	finisses
finira	finirait		finisse
finirons	finirions	finissons	finissions
finirez	finiriez	finissez	finissiez
finiront	finiraient		finissent
FUTUR ANTERIEUR	ANTERIEUR		PASSE
aurai fini	aurais fini		aie fini
auras fini	aurais fini		aies fini
aura fini	aurait fini		ait fini
aurons fini	aurions fini		ayons fini
aurez fini	auriez fini		ayez fini
auront fini	auraient fini		aient fini

INFINITIF ET PARTICIPES		INDICATIF		
		PRESENT	IMPARFAIT	PASSE SIMPLE
3. verbes en -re **perdre** *(lose)* perdant perdu	je tu il nous vous ils	perds perds perd perdons perdez perdent	perdais perdais perdait perdions perdiez perdaient	perdis perdis perdit perdîmes perdîtes perdirent
		PASSE COMPOSE	PLUS-QUE-PARFAIT	
	j' tu il nous vous ils	ai perdu as perdu a perdu avons perdu avez perdu ont perdu	avais perdu avais perdu avait perdu avions perdu aviez perdu avaient perdu	
		PRESENT	IMPARFAIT	PASSE SIMPLE
4. verbes réfléchis **se laver** *(wash oneself)* se lavant lavé	je tu il nous vous ils	me lave te laves se lave nous lavons vous lavez se lavent	me lavais te lavais se lavait nous lavions vous laviez se lavaient	me lavai te lavas se lava nous lavâmes vous lavâtes se lavèrent
		PASSE COMPOSE	PLUS-QUE-PARFAIT	
	je tu il nous vous ils	me suis lavé(e) t'es lavé(e) s'est lavé nous sommes lavés(es) vous êtes lavé(e)(s) se sont lavés	m'étais lavé(e) t'étais lavé(e) s'était lavé nous étions lavés(es) vous étiez lavé(e)(s) s'étaient lavés	
		PRESENT	IMPARFAIT	PASSE SIMPLE
5. **être aimé** *(to be loved)* étant aimé ayant été aimé	je tu il nous vous ils	suis aimé(e) es aimé(e) est aimé sommes aimés(es) êtes aimé(e)s sont aimés	étais aimé(e) étais aimé(e) était aimé étions aimés(es) étiez aimé(e)(s) étaient aimés	fus aimé(e) fus aimé(e) fut aimé fûmes aimés(es) fûtes aimé(e)(s) furent aimés
		PASSE COMPOSE	PLUS-QUE-PARFAIT	
	j' tu il nous vous ils	ai été aimé(e) as été aimé(e) a été aimé avons été aimés(es) avez été aimé(e)(s) ont été aimés	avais été aimé(e) avais été aimé(e) avait été aimé avions été aimés(es) aviez été aimé(e)(s) avaient été aimés	

	CONDITIONNEL	IMPERATIF	SUBJONCTIF
FUTUR	PRESENT		PRESENT
perdrai	perdrais		perde
perdras	perdrais	perds	perdes
perdra	perdrait		perde
perdrons	perdrions	perdons	perdions
perdrez	perdriez	perdez	perdiez
perdront	perdraient		perdent
FUTUR ANTERIEUR	ANTERIEUR		PASSE
aurai perdu	aurais perdu		aie perdu
auras perdu	aurais perdu		aies perdu
aura perdu	aurait perdu		ait perdu
aurons perdu	aurions perdu		ayons perdu
aurez perdu	auriez perdu		ayez perdu
auront perdu	auraient perdu		aient perdu
FUTUR	PRESENT		PRESENT
me laverai	me laverais		me lave
te laveras	te laverais	lave-toi	te laves
se lavera	se laverait		se lave
nous laverons	nous laverions	lavons-nous	nous lavions
vous laverez	vous laveriez	lavez-vous	vous laviez
se laveront	se laveraient		se lavent
FUTUR ANTERIEUR	ANTERIEUR		PASSE
me serai lavé(e)	me serais lavé(e)		me sois lavé(e)
te seras lavé(e)	te serais lavé(e)		te sois lavé(e)
se sera lavé	se serait lavé		se soit lavé
nous serons lavés(es)	nous serions lavés(es)		nous soyons lavés(es)
vous serez lavé(e)(s)	vous seriez lavé(e)(s)		vous soyez lavé(e)(s)
se seront lavés	se seraient lavés		se soient lavés
FUTUR	PRESENT		PRESENT
serai aimé(e)	serais aimé(e)		sois aimé(e)
seras aimé(e)	serais aimé(e)	sois aimé(e)	sois aimé(e)
sera aimé	serait aimé		soit aimé
serons aimés(es)	serions aimés(es)	soyons aimés(es)	soyons aimés(es)
serez aimé(e)(s)	seriez aimé(e)(s)	soyez aimé(e)(s)	soyez aimé(e)(s)
seront aimés	seraient aimés		soient aimés
FUTUR ANTERIEUR	ANTERIEUR		PASSE
aurai été aimé(e)	aurais été aimé(e)		aie été aimé(e)
auras été aimé(e)	aurais été aimé(e)		aies été aimé(e)
aura été aimé	aurait été aimé		ait été aimé
aurons été aimés(es)	aurions été aimés(es)		ayons été aimés(es)
aurez été aimé(e)(s)	auriez été aimé(e)(s)		ayez été aimé(e)(s)
auront été aimé(s)	auraient été aimés		aient été aimés

INFINITIF ET PARTICIPES		INDICATIF		
		PRESENT	IMPARFAIT	PASSE SIMPLE
6. **avoir**	j'	ai	avais	eus
(have)	tu	as	avais	eus
ayant	il	a	avait	eut
eu	nous	avons	avions	eûmes
	vous	avez	aviez	eûtes
	ils	ont	avaient	eurent
		PASSE COMPOSE	PLUS-QUE-PARFAIT	
	j'	ai eu	avais eu	
	tu	as eu	avais eu	
	il	a eu	avait eu	
	nous	avons eu	avions eu	
	vous	avez eu	aviez eu	
	ils	ont eu	avaient eu	
		PRESENT	IMPARFAIT	PASSE SIMPLE
7. **être**	je	suis	étais	fus
(be)	tu	es	étais	fus
étant	il	est	était	fut
été	nous	sommes	étions	fûmes
	vous	êtes	étiez	fûtes
	ils	sont	étaient	furent
		PASSE COMPOSE	PLUS-QUE-PARFAIT	
	j'	ai été	avais été	
	tu	as éte	avais été	
	il	a été	avait été	
	nous	avons été	avions été	
	vous	avez été	aviez été	
	ils	ont été	avaient été	

Verbes en -er à changement orthographique

INFINITIF ET PARTICIPES		INDICATIF		
		PRESENT	IMPARFAIT	PASSE SIMPLE
1. **peser**	je	pèse	pesais	pesai
(weigh)	tu	pèses	pesais	pesas
pesant	il	pèse	pesait	pesa
pesé	nous	pesons	pesions	pesâmes
	vous	pesez	pesiez	pesâtes
	ils	pèsent	pesaient	pesèrent
		PASSE COMPOSE	PLUS-QUE-PARFAIT	
	j'	ai pesé	avais pesé	
	tu	as pesé	avais pesé	
	il	a pesé	avait pesé	
	nous	avons pesé	avions pesé	
	vous	avez pesé	aviez pesé	
	ils	ont pesé	avaient pesé	

	CONDITIONNEL	IMPERATIF	SUBJONCTIF
FUTUR	PRESENT		PRESENT
aurai	aurais		aie
auras	aurais	aie	aies
aura	aurait		ait
aurons	aurions	ayons	ayons
aurez	auriez	ayez	ayez
auront	auraient		aient
FUTUR ANTERIEUR	ANTERIEUR		PASSE
aurai eu	aurais eu		aie eu
auras eu	aurais eu		aies eu
aura eu	aurait eu		ait eu
aurons eu	aurions eu		ayons eu
aurez eu	auriez eu		ayez eu
auront eu	auraient eu		aient eu
FUTUR	PRESENT		PRESENT
serai	serais		sois
seras	serais	sois	sois
sera	serait		soit
serons	serions	soyons	soyons
serez	seriez	soyez	soyez
seront	seraient		soient
FUTUR ANTERIEUR	ANTERIEUR		PASSE
aurai été	aurais été		aie été
auras été	aurais été		aies été
aura été	aurait été		ait été
aurons été	aurions été		ayons été
aurez été	auriez été		ayez été
auront été	auraient été		aient été

	CONDITIONNEL	IMPERATIF	SUBJONCTIF
FUTUR	PRESENT		PRESENT
pèserai	pèserais		pèse
pèseras	pèserais	pèse	pèses
pèsera	pèserait		pèse
pèserons	pèserions	pesons	pesions
pèserez	pèseriez	pesez	pesiez
pèseront	pèseraient		pèsent
FUTUR ANTERIEUR	ANTERIEUR		PASSE
aurai pesé	aurais pesé		aie pesé
auras pesé	aurais pesé		aies pesé
aura pesé	aurait pesé		ait pesé
aurons pesé	aurions pesé		ayons pesé
aurez pesé	auriez pesé		ayez pesé
auront pesé	auraient pesé		aient pesé

INFINITIF ET PARTICIPES			INDICATIF		
			PRESENT	IMPARFAIT	PASSE SIMPLE
2. **appeler** (*call*) appelant appelé		j' tu il nous vous ils	appelle appelles appelle appelons appelez appellent	appelais appelais appelait appelions appeliez appelaient	appelai appelas appela appelâmes appelâtes appelèrent
			PASSE COMPOSE	PLUS-QUE-PARFAIT	
		j' tu il nous vous ils	ai appelé as appelé a appelé avons appelé avez appelé ont appelé	avais appelé avais appelé avait appelé avions appelé aviez appelé avaient appelé	
			PRESENT	IMPARFAIT	PASSE SIMPLE
3. **espérer** (*hope*) espérant espéré		j' tu il nous vous ils	espère espères espère espérons espérez espèrent	espérais espérais espérait espérions espériez espéraient	espérai espéras espéra espérâmes espérâtes espérèrent
			PASSE COMPOSE	PLUS-QUE-PARFAIT	
		j' tu il nous vous ils	ai espéré as espéré a espéré avons espéré avez espéré ont espéré	avais espéré avais espéré avait espéré avions espéré aviez espéré avaient espéré	
			PRESENT	IMPARFAIT	PASSE SIMPLE
4. **essuyer** (*wipe*) essuyant essuyé		j' tu il nous vous ils	essuie essuies essuie essuyons essuyez essuient	essuyais essuyais essuyait essuyions essuyiez essuyaient	essuyai essuyas essuya essuyâmes essuyâtes essuyèrent
			PASSE COMPOSE	PLUS-QUE-PARFAIT	
		j' tu il nous vous ils	ai essuyé as essuyé a essuyé avons essuyé avez essuyé ont essuyé	avais essuyé avais essuyé avait essuyé avions essuyé aviez essuyé avaient essuyé	

	CONDITIONNEL	IMPERATIF	SUBJONCTIF
FUTUR	PRESENT		PRESENT
appellerai	appellerais		appelle
appelleras	appellerais	appelle	appelles
appellera	appellerait		appelle
appellerons	appellerions	appelons	appelions
appellerez	appelleriez	appelez	appeliez
appelleront	appelleraient		appellent
FUTUR ANTERIEUR	ANTERIEUR		PASSE
aurai appelé	aurais appelé		aie appelé
auras appelé	aurais appelé		aies appelé
aura appelé	aurait appelé		ait appelé
aurons appelé	aurions appelé		ayons appelé
aurez appelé	auriez appelé		ayez appelé
auront appelé	auraient appelé		aient appelé
FUTUR	PRESENT		PRESENT
espérerai	espérerais		espère
espéreras	espérerais	espère	espères
espérera	espérerait		espère
espérerons	espérerions	espérons	espérions
espérerez	espéreriez	espérez	espériez
espéreront	espéreraient		espèrent
FUTUR ANTERIEUR	ANTERIEUR		PASSE
aurai espéré	aurais espéré		aie espéré
auras espéré	aurais espéré		aies espéré
aura espéré	aurait espéré		ait espéré
aurons espéré	aurions espéré		ayons espéré
aurez espéré	auriez espéré		ayez espéré
auront espéré	auraient espéré		aient espéré
FUTUR	PRESENT		PRESENT
essuierai	essuierais		essuie
essuieras	essuierais	essuie	essuies
essuiera	essuierait		essuie
essuierons	essuierions	essuyons	essuyions
essuierez	essuieriez	essuyez	essuyiez
essuieront	essuieraient		essuient
FUTUR ANTERIEUR	ANTERIEUR		PASSE
aurai essuyé	aurais essuyé		aie essuyé
auras essuyé	aurais essuyé		aies essuyé
aura essuyé	aurait essuyé		ait essuyé
aurons essuyé	aurions essuyé		ayons essuyé
aurez essuyé	auriez essuyé		ayez essuyé
auront essuyé	auraient essuyé		aient essuyé

INFINITIF ET PARTICIPES			INDICATIF		
			PRESENT	IMPARFAIT	PASSE SIMPLE
5. **avancer** (*advance*) avançant avancé		j' tu il nous vous ils	avance avances avance avançons avancez avancent	avançais avançais avançait avancions avanciez avançaient	avançai avanças avança avançâmes avançâtes avancèrent
			PASSE COMPOSE	PLUS-QUE-PARFAIT	
		j' tu il nous vous ils	ai avancé as avancé a avancé avons avancé avez avancé ont avancé	avais avancé avais avancé avait avancé avions avancé aviez avancé avaient avancé	
			PRESENT	IMPARFAIT	PASSE SIMPLE
6. **manger** (*eat*) mangeant mangé		je tu il nous vous ils	mange manges mange mangeons mangez mangent	mangeais mangeais mangeait mangions mangiez mangeaient	mangeai mangeas mangea mangeâmes mangeâtes mangèrent
			PASSE COMPOSE	PLUS-QUE-PARFAIT	
		j' tu il nous vous ils	ai mangé as mangé a mangé avons mangé avez mangé ont mangé	avais mangé avais mangé avait mangé avions mangé aviez mangé avaient mangé	

Conjugaisons irrégulières

INFINITIF ET PARTICIPES			INDICATIF		
			PRESENT	IMPARFAIT	PASSE SIMPLE
1. **aller** (*go*) allant allé		je tu il nous vous ils	vais vas va allons allez vont	allais allais allait allions alliez allaient	allai allas alla allâmes allâtes allèrent
2. **s'asseoir** (*sit*) asseyant assis		je tu il nous vous ils	m'assieds t'assieds s'assied nous asseyons vous asseyez s'asseyent	asseyais asseyais asseyait asseyions asseyiez asseyaient	assis assis assit assîmes assîtes assirent

	CONDITIONNEL	IMPERATIF	SUBJONCTIF
FUTUR	PRESENT		PRESENT
avancerai	avancerais		avance
avanceras	avancerais	avance	avances
avancera	avancerait		avance
avancerons	avancerions	avançons	avancions
avancerez	avanceriez	avancez	avanciez
avanceront	avanceraient		avancent
FUTUR ANTERIEUR	ANTERIEUR		PASSE
aurai avancé	aurais avancé		aie avancé
auras avancé	aurais avancé		aies avancé
aura avancé	aurait avancé		ait avancé
aurons avancé	aurions avancé		ayons avancé
aurez avancé	auriez avancé		ayez avancé
auront avancé	auraient avancé		aient avancé
FUTUR	PRESENT		PRESENT
mangerai	mangerais		mange
mangeras	mangerais	mange	manges
mangera	mangerait		mange
mangerons	mangerions	mangeons	mangions
mangerez	mangeriez	mangez	mangiez
mangeront	mangeraient		mangent
FUTUR ANTERIEUR	ANTERIEUR		PASSE
aurai mangé	aurais mangé		aie mangé
auras mangé	aurais mangé		aies mangé
aura mangé	aurait mangé		ait mangé
aurons mangé	aurions mangé		ayons mangé
aurez mangé	auriez mangé		ayez mangé
auront mangé	auraient mangé		aient mangé

			CONDITIONNEL	IMPERATIF	SUBJONCTIF
PASSE COMPOSE		FUTUR	PRESENT		PRESENT
suis	allé(e)	irai	irais		aille
es	allé(e)	iras	irais	va	ailles
est	allé	ira	irait		aille
sommes	allés(es)	irons	irions	allons	allions
êtes	allé(e)(s)	irez	iriez	allez	alliez
sont	allés	iront	iraient		aillent
suis	assis(e)	assiérai	assiérais		asseye
es	assis(e)	assiéras	assiérais	assieds-toi	asseyes
est	assis	assiéra	assiérait		asseye
sommes	assis(es)	assiérons	assiérions	asseyons-nous	asseyions
êtes	assis(e)(s)	assiérez	assiériez	asseyez-vous	asseyiez
sont	assis	assiéront	assiéraient		asseyent

INFINITIF ET PARTICIPES			INDICATIF	
		PRESENT	IMPARFAIT	PASSE SIMPLE
2. s'asseoir	je	m'assois	assoyais	
(cont.)	tu	t'assois	assoyais	
assoyant	il	s'assoit	assoyait	
	nous	nous assoyons	assoyions	
	vous	vous assoyez	assoyiez	
	ils	s'assoient	assoyaient	
3. **battre**	je	bats	battais	battis
(beat)	tu	bats	battais	battis
battant	il	bat	battait	battit
battu	nous	battons	battions	battîmes
	vous	battez	battiez	battîtes
et composés	ils	battent	battaient	battirent
4. **boire**	je	bois	buvais	bus
(drink)	tu	bois	buvais	bus
buvant	il	boit	buvait	but
bu	nous	buvons	buvions	bûmes
	vous	buvez	buviez	bûtes
	ils	boivent	buvaient	burent
5. **conduire**	je	conduis	conduisais	conduisis
(lead)	tu	conduis	conduisais	conduisis
conduisant	il	conduit	conduisait	conduisit
conduit	nous	conduisons	conduisions	conduisîmes
	vous	conduisez	conduisiez	conduisîtes
et composés	ils	conduisent	conduisaient	conduisirent
6. **connaître**	je	connais	connaissais	connus
(be acquainted)	tu	connais	connaissais	connus
connaissant	il	connaît	connaissait	connut
connu	nous	connaissons	connaissions	connûmes
	vous	connaissez	connaissiez	connûtes
et composés	ils	connaissent	connaissaient	connurent
7. **courir**	je	cours	courais	courus
(run)	tu	cours	courais	courus
courant	il	court	courait	courut
couru	nous	courons	courions	courûmes
	vous	courez	couriez	courûtes
et composés	ils	courent	couraient	coururent
8. **craindre**	je	crains	craignais	craignis
(fear)	tu	crains	craignais	craignis
craignant	il	craint	craignait	craignit
craint	nous	craignons	craignions	craignîmes
	vous	craignez	craigniez	craignîtes
et composés	ils	craignent	craignaient	craignirent
9. **croire**	je	crois	croyais	crus
(believe)	tu	crois	croyais	crus
croyant	il	croit	croyait	crut
cru	nous	croyons	croyions	crûmes
	vous	croyez	croyiez	crûtes
	ils	croient	croyaient	crurent

PASSE COMPOSE		FUTUR	CONDITIONNEL PRESENT	IMPERATIF	SUBJONCTIF PRESENT
		assoirai	assoirais		assoie
		assoiras	assoirais	assois-toi	assoies
		assoira	assoirait		assoie
		assoirons	assoirions	assoyons-nous	assoyions
		assoirez	assoiriez	assoyez-vous	assoyiez
		assoiront	assoiraient		assoient
ai	battu	battrai	battrais		batte
as	battu	battras	battrais	bats	battes
a	battu	battra	battrait		batte
avons	battu	battrons	battrions	battons	battions
avez	battu	battrez	battriez	battez	battiez
ont	battu	battront	battraient		battent
ai	bu	boirai	boirais		boive
as	bu	boiras	boirais	bois	boives
a	bu	boira	boirait		boive
avons	bu	boirons	boirions	buvons	buvions
avez	bu	boirez	boiriez	buvez	buviez
ont	bu	boiront	boiraient		boivent
ai	conduit	conduirai	conduirais		conduise
as	conduit	conduiras	conduirais	conduis	conduises
a	conduit	conduira	conduirait		conduise
avons	conduit	conduirons	conduirions	conduisons	conduisions
avez	conduit	conduirez	conduiriez	conduisez	conduisiez
ont	conduit	conduiront	conduiraient		conduisent
ai	connu	connaîtrai	connaîtrais		connaisse
as	connu	connaîtras	connaîtrais	connais	connaisses
a	connu	connaîtra	connaîtrait		connaisse
avons	connu	connaîtrons	connaîtrions	connaissons	connaissions
avez	connu	connaîtrez	connaîtriez	connaissez	connaissiez
ont	connu	connaîtront	connaîtraient		connaissent
ai	couru	courrai	courrais		coure
as	couru	courras	courrais	cours	coures
a	couru	courra	courrait		coure
avons	couru	courrons	courrions	courons	courions
avez	couru	courrez	courriez	courez	couriez
ont	couru	courront	courraient		courent
ai	craint	craindrai	craindrais		craigne
as	craint	craindras	craindrais	crains	craignes
a	craint	craindra	craindrait		craigne
avons	craint	craindrons	craindrions	craignons	craignions
avez	craint	craindrez	craindriez	craignez	craigniez
ont	craint	craindront	craindraient		craignent
ai	cru	croirai	croirais		croie
as	cru	croiras	croirais	crois	croies
a	cru	croira	croirait		croie
avons	cru	croirons	croirions	croyons	croyions
avez	cru	croirez	croiriez	croyez	croyiez
ont	cru	croiront	croiraient		croient

INFINITIF ET PARTICIPES		INDICATIF		
		PRESENT	IMPARFAIT	PASSE SIMPLE
10. **cueillir**	je	cueille	cueillais	cueillis
(*pick*)	tu	cueilles	cueillais	cueillis
cueillant	il	cueille	cueillait	cueillit
cueilli	nous	cueillons	cueillions	cueillîmes
	vous	cueillez	cueilliez	cueillîtes
et composés	ils	cueillent	cueillaient	cueillirent
11. **devoir**	je	dois	devais	dus
(*owe,*	tu	dois	devais	dus
have to)	il	doit	devait	dut
devant	nous	devons	devions	dûmes
dû, due	vous	devez	deviez	dûtes
	ils	doivent	deviaent	durent
12. **dire**	je	dis	disais	dis
(*say, tell*)	tu	dis	disais	dis
disant	il	dit	disait	dit
dit	nous	disons	disions	dîmes
	vous	dites	disiez	dîtes
et composés	ils	disent	disaient	dirent
13. **dormir**	je	dors	dormais	dormis
(*sleep*)	tu	dors	dormais	dormis
dormant	il	dort	dormait	dormit
dormi	nous	dormons	dormions	dormîmes
	vous	dormez	dormiez	dormîtes
s'endormir	ils	dorment	dormaient	dormirent
14. **écrire**	j'	écris	écrivais	écrivis
(*write*)	tu	écris	écrivais	écrivis
écrivant	il	écrit	écrivait	écrivit
écrit	nous	écrivons	écrivions	écrivîmes
	vous	écrivez	écriviez	écrivîtes
et composés	ils	écrivent	écrivaient	écrivirent
15. **faire**	je	fais	faisais	fis
(*do, make*)	tu	fais	faisais	fis
faisant	il	fait	faisait	fit
fait	nous	faisons	faisions	fîmes
	vous	faites	faisiez	fîtes
et composés	ils	font	faisaient	firent
16. **falloir**		il faut	il fallait	il fallut
(*be necessary*)				
fallu				
17. **fuir**	je	fuis	fuyais	fuis
(*flee*)	tu	fuis	fuyais	fuis
fuyant	il	fuit	fuyait	fuit
fui	nous	fuyons	fuyions	fuîmes
	vous	fuyez	fuyiez	fuîtes
s'enfuir	ils	fuient	fuyaient	fuirent

PASSE COMPOSE		FUTUR	CONDITIONNEL PRESENT	IMPERATIF	SUBJONCTIF PRESENT
ai	cueilli	cueillerai	cueillerais		cueille
as	cueilli	cueilleras	cueillerais	cueille	cueilles
a	cueilli	cueillera	cueillerait		cueille
avons	cueilli	cueillerons	cueillerions	cueillons	cueillions
avez	cueilli	cueillerez	cueilleriez	cueillez	cueilliez
ont	cueilli	cueilleront	cueilleraient		cueillent
ai	dû	devrai	devrais		doive
as	dû	devras	devrais		doives
a	dû	devra	devrait		doive
avons	dû	devrons	devrions		devions
avez	dû	devrez	devriez		deviez
ont	dû	devront	devraient		doivent
ai	dit	dirai	dirais		dise
as	dit	diras	dirais	dis	dises
a	dit	dira	dirait		dise
avons	dit	dirons	dirions	disons	disions
avez	dit	direz	diriez	dites	disiez
ont	dit	diront	diraient		disent
ai	dormi	dormirai	dormirais		dorme
as	dormi	dormiras	dormirais	dors	dormes
a	dormi	dormira	dormirait		dorme
avons	dormi	dormirons	dormirions	dormons	dormions
avez	dormi	dormirez	dormiriez	dormez	dormiez
ont	dormi	dormiront	dormiraient		dorment
ai	écrit	écrirai	écrirais		écrive
as	écrit	écriras	écrirais	écris	écrives
a	écrit	écrira	écrirait		écrive
avons	écrit	écrirons	écririons	écrivons	écrivions
avez	écrit	écrirez	écririez	écrivez	écriviez
ont	écrit	écriront	écriraient		écrivent
ai	fait	ferai	ferais		fasse
as	fait	feras	ferais	fais	fasses
a	fait	fera	ferait		fasse
avons	fait	ferons	ferions	faisons	fassions
avez	fait	ferez	feriez	faites	fassiez
ont	fait	feront	feraient		fassent
il a	fallu	il faudra	il faudrait		il faille
ai	fui	fuirai	fuirais		fuie
as	fui	fuiras	fuirais	fuis	fuies
a	fui	fuira	fuirait		fuie
avons	fui	fuirons	fuirions	fuyons	fuyions
avez	fui	fuirez	fuiriez	fuyez	fuyiez
ont	fui	fuiront	fuiraient		fuient

INFINITIF ET PARTICIPES			PRESENT	IMPARFAIT	PASSE SIMPLE
18. **lire**		je	lis	lisais	lus
(*read*)		tu	lis	lisais	lus
	lisant	il	lit	lisait	lut
	lu	nous	lisons	lisions	lûmes
		vous	lisez	lisiez	lûtes
	élire	ils	lisent	lisaient	lurent
19. **mentir**		je	mens	mentais	mentis
(*lie*)		tu	mens	mentais	mentis
	mentant	il	ment	mentait	mentit
	menti	nous	mentons	mentions	mentîmes
		vous	mentez	mentiez	mentîtes
	sentir	ils	mentent	mentaient	mentirent
20. **mettre**		je	mets	mettais	mis
(*put*)		tu	mets	mettais	mis
	mettant	il	met	mettait	mit
	mis	nous	mettons	mettions	mîmes
		vous	mettez	mettiez	mîtes
	et composés	ils	mettent	mettaient	mirent
21. **mourir**		je	meurs	mourais	mourus
(*die*)		tu	meurs	mourais	mourus
	mourant	il	meurt	mourait	mourut
	mort	nous	mourons	mourions	mourûmes
		vous	mourez	mouriez	mourûtes
		ils	meurent	mouraient	moururent
22. **naître**		je	nais	naissais	naquis
(*be born*)		tu	nais	naissais	naquis
	naissant	il	naît	naissait	naquit
	né	nous	naissons	naissions	naquîmes
		vous	naissez	naissiez	naquîtes
		ils	naissent	naissaient	naquirent
23. **ouvrir**		j'	ouvre	ouvrais	ouvris
(*open*)		tu	ouvres	ouvrais	ouvris
	ouvrant	il	ouvre	ouvrait	ouvrit
	ouvert	nous	ouvrons	ouvrions	ouvrîmes
offrir, couvrir,		vous	ouvrez	ouvriez	ouvrîtes
souffrir		ils	ouvrent	ouvraient	ouvrirent
24. **partir**		je	pars	partais	partis
(*leave*)		tu	pars	partais	partis
	partant	il	part	partait	partit
	parti	nous	partons	partions	partîmes
		vous	partez	partiez	partîtes
	et composés	ils	partent	partaient	partirent
25. **peindre**		je	peins	peignais	peignis
(*paint*)		tu	peins	peignais	peignis
	peignant	il	peint	peignait	peignit
	peint	nous	peignons	peignions	peignîmes
		vous	peignez	peigniez	peignîtes
	et composés	ils	peignent	peignaient	peignirent

			CONDITIONNEL	IMPERATIF	SUBJONCTIF
PASSE COMPOSE		FUTUR	PRESENT		PRESENT
ai	lu	lirai	lirais		lise
as	lu	liras	lirais	lis	lises
a	lu	lira	lirait		lise
avons	lu	lirons	lirions	lisons	lisions
avez	lu	lirez	liriez	lisez	lisiez
ont	lu	liront	liraient		lisent
ai	menti	mentirai	mentirais		mente
as	menti	mentiras	mentirais	mens	mentes
a	menti	mentira	mentirait		mente
avons	menti	mentirons	mentirions	mentons	mentions
avez	menti	mentirez	mentiriez	mentez	mentiez
ont	menti	mentiront	mentiraient		mentent
ai	mis	mettrai	mettrais		mette
as	mis	mettras	mettrais	mets	mettes
a	mis	mettra	mettrait		mette
avons	mis	mettrons	mettrions	mettons	mettions
avez	mis	mettrez	mettriez	mettez	mettiez
ont	mis	mettront	mettraient		mettent
suis	mort(e)	mourrai	mourrais		meure
es	morte(e)	mourras	mourrais	meurs	meures
est	mort	mourra	mourrait		meure
sommes	mortes(es)	mourrons	mourrions	mourons	mourions
êtes	mort(e)(s)	mourrez	mourriez	mourez	mouriez
sont	morts	mourront	mourraient		meurent
suis	né(e)	naîtrai	naîtrais		naisse
es	né(e)	naîtras	naîtrais	nais	naisses
est	né	naîtra	naîtrait		naisse
sommes	nés(es)	naîtrons	naîtrions	naissons	naissions
êtes	né(e)(s)	naîtrez	naîtriez	naissez	naissiez
sont	nés	naîtront	naîtraient		naissent
ai	ouvert	ouvrirai	ouvrirais		ouvre
as	ouvert	ouvriras	ouvrirais	ouvre	ouvres
a	ouvert	ouvrira	ouvrirait		ouvre
avons	ouvert	ouvrirons	ouvririons	ouvrons	ouvrions
avez	ouvert	ouvrirez	ouvririez	ouvrez	ouvriez
ont	ouvert	ouvriront	ouvriraient		ouvrent
suis	parti(e)	partirai	partirais		parte
es	parti(e)	partiras	partirais	pars	partes
est	parti	partira	partirait		parte
sommes	partis(es)	partirons	partirions	partons	partions
êtes	parti(e)(s)	partirez	partiriez	partez	partiez
sont	partis	partiront	partiraient		partent
ai	peint	peindrai	peindrais		peigne
as	peint	peindras	peindrais	peins	peignes
a	peint	peindra	peindrait		peigne
avons	peint	peindrons	peindrions	peignons	peignions
avez	peint	peindrez	peindriez	peignez	peigniez
ont	peint	peindront	peindraient		peignent

INFINITIF ET PARTICIPES			INDICATIF		
			PRESENT	IMPARFAIT	PASSE SIMPLE
26. **plaire**		je	plais	plaisais	plus
(*please*)		tu	plais	plaisais	plus
plaisant		il	plaît	plaisait	plut
plu		nous	plaisons	plaisions	plûmes
		vous	plaisez	plaisiez	plûtes
et composés		ils	plaisent	plaisaient	plurent
27. **pleuvoir**			il pleut	il pleuvait	il plut
(*rain*)					
pleuvant					
plu					
28. **pouvoir**		je	peux, puis	pouvais	pus
(*be able*)		tu	peux	pouvais	pus
pouvant		il	peut	pouvait	put
pu		nous	pouvons	pouvions	pûmes
		vous	pouvez	pouviez	pûtes
		ils	peuvent	pouvaient	purent
29. **prendre**		je	prends	prenais	pris
(*take*)		tu	prends	prenais	pris
prenant		il	prend	prenait	prit
pris		nous	prenons	prenions	prîmes
		vous	prenez	preniez	prîtes
et composés		ils	prennent	prenaient	prirent
30. **recevoir**		je	reçois	recevais	reçus
(*receive*)		tu	reçois	recevais	reçus
recevant		il	reçoit	recevait	reçut
reçu		nous	recevons	recevions	reçûmes
		vous	recevez	receviez	reçûtes
apercevoir		ils	reçoivent	recevaient	reçurent
31. **rire**		je	ris	riais	ris
(*laugh*)		tu	ris	riais	ris
riant		il	rit	riait	rit
ri		nous	rions	riions	rîmes
		vous	riez	riiez	rîtes
sourire		ils	rient	riaient	rirent
32. **savoir**		je	sais	savais	sus
(*know*)		tu	sais	savais	sus
sachant		il	sait	savait	sut
su		nous	savons	savions	sûmes
		vous	savez	saviez	sûtes
		ils	savent	savaient	surent
33. **suivre**		je	suis	suivais	suivis
(*follow*)		tu	suis	suivais	suivis
suivant		il	suit	suivait	suivit
suivi		nous	suivons	suivions	suivîmes
		vous	suivez	suiviez	suivîtes
et composés		ils	suivent	suivaient	suivirent

			CONDITIONNEL	IMPERATIF	SUBJONCTIF
PASSE COMPOSE		FUTUR	PRESENT		PRESENT
ai	plu	plairai	plairais		plaise
as	plu	plairas	plairais	plais	plaises
a	plu	plaira	plairait		plaise
avons	plu	plairons	plairions	plaisons	plaisions
avez	plu	plairez	plairiez	plaisez	plaisiez
ont	plu	plairont	plairaient		plaisent
il a	plu	il pleuvra	il pleuvrait		il pleuve
ai	pu	pourrai	pourrais		puisse
as	pu	pourras	pourrais		puisses
a	pu	pourra	pourrait		puisse
avons	pu	pourrons	pourrions		puissions
avez	pu	pourrez	pourriez		puissiez
ont	pu	pourront	pourraient		puissent
ai	pris	prendrai	prendrais		prenne
as	pris	prendras	prendrais	prends	prennes
a	pris	prendra	prendrait		prenne
avons	pris	prendrons	prendrions	prenons	prenions
avez	pris	prendrez	prendriez	prenez	preniez
ont	pris	prendront	prendraient		prennent
ai	reçu	recevrai	recevrais		reçoive
as	reçu	recevras	recevrais	reçois	reçoives
a	reçu	recevra	recevrait		reçoive
avons	reçu	recevrons	recevrions	recevons	recevions
avez	reçu	recevrez	recevriez	recevez	receviez
ont	reçu	recevront	recevraient		reçoivent
ai	ri	rirai	rirais		rie
as	ri	riras	rirais	ris	ries
a	ri	rira	rirait		rie
avons	ri	rirons	ririons	rions	riions
avez	ri	rirez	ririez	riez	riiez
ont	ri	riront	riraient		rient
ai	su	saurai	saurais		sache
as	su	sauras	saurais	sache	saches
a	su	saura	saurait		sache
avons	su	saurons	saurions	sachons	sachions
avez	su	saurez	sauriez	sachez	sachiez
ont	su	sauront	sauraient		sachent
ai	suivi	suivrai	suivrais		suive
as	suivi	suivras	suivrais	suis	suives
a	suivi	suivra	suivrait		suive
avons	suivi	suivrons	suivrions	suivons	suivions
avez	suivi	suivrez	suivriez	suivez	suiviez
ont	suivi	suivront	suivraient		suivent

INFINITIF ET PARTICIPES			INDICATIF		
			PRESENT	IMPARFAIT	PASSE SIMPLE
34. **tenir**		je	tiens	tenais	tins
(*hold, keep*)		tu	tiens	tenais	tins
tenant		il	tient	tenait	tint
tenu		nous	tenons	tenions	tînmes
		vous	tenez	teniez	tîntes
et composés		ils	tiennent	tenaient	tinrent
35. **vaincre**		je	vaincs	vainquais	vainquis
(*conquer*)		tu	vaincs	vainquais	vainquis
vainquant		il	vainc	vainquait	vainquit
vaincu		nous	vainquons	vainquions	vainquîmes
		vous	vainquez	vainquiez	vainquîtes
et composés		ils	vainquent	vainquaient	vainquirent
36. **valoir**					
(*be worth*)		il	vaut	valait	valut
valant					
valu					
37. **venir**		je	viens	venais	vins
(*come*)		tu	viens	venais	vins
venant		il	vient	venait	vint
venu		nous	venons	venions	vînmes
		vous	venez	veniez	vîntes
et composés		ils	viennent	venaient	vinrent
38. **vivre**		je	vis	vivais	vécus
(*live*)		tu	vis	vivais	vécus
vivant		il	vit	vivait	vécut
vécu		nous	vivons	vivions	vécûmes
		vous	vivez	viviez	vécûtes
survivre		ils	vivent	vivaient	vécurent
39. **voir**		je	vois	voyais	vis
(*see*)		tu	vois	voyais	vis
voyant		il	voit	voyait	vit
vu		nous	voyons	voyions	vîmes
		vous	voyez	voyiez	vîtes
revoir, prévoir		ils	voient	voyaient	virent
40. **vouloir**		je	veux	voulais	voulus
(*wish, want*)		tu	veux	voulais	voulus
voulant		il	veut	voulait	voulut
voulu		nous	voulons	voulions	voulûmes
		vous	voulez	vouliez	voulûtes
		ils	veulent	voulaient	voulurent

			CONDITIONNEL	IMPERATIF	SUBJONCTIF
PASSE COMPOSE		FUTUR	PRESENT		PRESENT
ai	tenu	tiendrai	tiendrais		tienne
as	tenu	tiendras	tiendrais	tiens	tiennes
a	tenu	tiendra	tiendrait		tienne
avons	tenu	tiendrons	tiendrions	tenons	tenions
avez	tenu	tiendrez	tiendriez	tenez	teniez
ont	tenu	tiendront	tiendraient		tiennent
ai	vaincu	vaincrai	vaincrais		vainque
as	vaincu	vaincras	vaincrais	vaincs	vainques
a	vaincu	vaincra	vaincrait		vainque
avons	vaincu	vaincrons	vaincrions	vainquons	vainquions
avez	vaincu	vaincrez	vaincriez	vainquez	vainquiez
ont	vaincu	vaincront	vaincraient		vainquent
a	valu	vaudra	vaudrait		vaille
suis	venu(e)	viendrai	viendrais		vienne
es	venu(e)	viendras	viendrais	viens	viennes
est	venu	viendra	viendrait		vienne
sommes	venus(es)	viendrons	viendrions	venons	venions
êtes	venu(e)(s)	viendrez	viendriez	venez	veniez
sont	venus	viendront	viendraient		viennent
ai	vécu	vivrai	vivrais		vive
as	vécu	vivras	vivrais	vis	vives
a	vécu	vivra	vivrait		vive
avons	vécu	vivrons	vivrions	vivons	vivions
avez	vécu	vivrez	vivriez	vivez	viviez
ont	vécu	vivront	vivraient		vivent
ai	vu	verrai	verrais		voie
as	vu	verras	verrais	vois	voies
a	vu	verra	verrait		voie
avons	vu	verrons	verrions	voyons	voyions
avez	vu	verrez	verriez	voyez	voyiez
ont	vu	verront	verraient		voient
ai	voulu	voudrai	voudrais		veuille
as	voulu	voudras	voudrais	veuille	veuilles
a	voulu	voudra	voudrait		veuille
avons	voulu	voudrons	voudrions		voulions
avez	voulu	voudrez	voudriez	veuillez	vouliez
ont	voulu	voudront	voudraient		veuillent

Appendix B:
French Pronunciation

General Distinctions

1. The sounds of French and English do not usually correspond exactly. When a French sound is explained by comparing it to an English sound, it must be understood that the explanation gives only a close approximation.

2. English places stress on one or more syllables of a word (*agreéable, nécessary*). In French each syllable is uttered with almost equal force, though with a tendency to give a rising inflection to the last syllable of a word of two or more syllables. For example:

↗	↗	↗	↗
a-gré-able	Pa-ris	hô-tel	ti-mide

3. The French articulate more distinctly and sharply than English-speaking persons. Compare:

English	French	English	French
gen(e)ral	gé-né-ral	American	A-mé-ri-cain
elegant	é-lé-gant	principal	prin-ci-pal

4. In English there is a tendency to prolong and slur vowel sounds; in French sounds are sharp, crisp, distinct, and tense. Compare:

English	French	English	French
point	point	throw	trop
fruit	fruit	too	tout

Accents

1. Accent marks on French words have nothing to do with stress; their usual function is to determine the sound of the vowel over which they appear or else to distinguish one word from another; e.g., **a** = *has*, **à** = *to*; **ou** = *or*, **où** = *where*.

2. The acute accent (Fr. *accent aigu*) = ´. It may be used only over **e**: **é**.

3. The grave accent (Fr. *accent grave*) = `. It is used over **e** (**è**) and over **a** and **u** in the following words: **à, déjà, là, où, voilà**.

4. The circumflex accent (Fr. *accent circonflexe*) = ^. It may be used over any vowel: **â, ê, î, ô, û**.

5. The accent is an essential part of the spelling of a French word; it must therefore be written when correct spelling requires it. A change of

accent often indicates a change of meaning (**pêcher** = *to fish;* **pécher** = *to sin*).

Other Orthographic Signs

1. The cedilla (Fr. *cédille*) is used under **c** to give it the soft sound of **s** before **a, o, u: français, François, garçon, reçu.** (Without the cedilla, **c** before **a, o,** or **u** would have the hard sound of **k.**)

2. The diaeresis (Fr. *tréma* ¨) shows that the vowel bearing it is divided in pronunciation from the preceding vowel, i.e., that each vowel belongs to a separate syllable. **Noël = No-ël.**

3. The apostrophe (Fr. *apostrophe*) shows omission of a final vowel sound before another vowel: l'ami = l(e) ami; l'amie = l(a) amie; j'ai = j(e) ai; l'orange = l(a) orange; qu'il = qu(e) il; s'il = s(i) il; l'homme = l(e) homme; etc.

Observe that an apostrophe is used before a mute **h** (silent h).

Syllabication

1. Generally, a syllable of a French word begins with a consonant. Compare:

English	*French*	*English*	*French*
cap-i-tal	ca-pi-tale	choc-o-late	cho-co-lat
Rob-ert	Ro-bert	gene-ral	gé-né-ral
com-rade	ca-ma-rade	lab-o-ra-tory	la-bo-ra-toire
class-ic	cla-ssique	Par-is	Pa-ris

2. Two consonants, of which the second is **l** or **r** (but not the combinations **rl** or **lr**), both belong to the following syllable.

    é-cri-vain   ta-bleau   cé-lé-brer

3. Other combinations of consonants representing two or more sounds are divided.

    par-ler   per-dre   ar-tis-tique

Sounds and Symbols

The French language has more sounds than letters. Obviously some letters have more than one sound. It is therefore convenient to use a phonetic alphabet (that of the *Association Phonétique Internationale*) in which each sound is represented by only one symbol and each symbol has only one sound. The symbols indicate the pronunciation of a word, whereas spelling (either in French or English) does not.

The following tables give the French letters, their phonetic symbols (in brackets), their *approximate* sounds, and illustrative French words. The *actual* sounds can only be given vocally (not in writing), either by a teacher, or a tape.

Simple Vowels

French Letter	Phonetic Symbol	Description of Sound	Illustrative French Words
a, à	[a]	Between the *a* of *bar* or *far* and the *a* of *cat* or *fat*.	a; à; la; table
a, â	[ɑ]	Like *a* in *bar* or *car*	âge; pas
e, é, ë	[e]	Like *a* in *date*	et; été; les; canoë
e, è, ê, ë	[ɛ]	Like *e* in *let*	avec; même; père; Israël
e	[ə]	Like *e* in *the man*	de; le; me
e	—	Mute (silent) at end of words, and in certain verb endings	classe; père; tasse; parles; parlent
i, î, y	[i]	Like *i* in *machine*	idée; ils; hymne; timide
o, ô	[o]	Like *o* in *go*	chose; nos
o	[ɔ]	Like *o* in *knot*	bord; notre; porte
u	[y]	No counterpart in English, but something like a blending of *e* and *u*. Round lips to pronounce *oo* (as in *moon*), then try to pronounce *ee* (as in *feet*).	une; du; mur; sur; utile

Vowel Combinations

French Letter	Phonetic Symbol	Description of Sound	Illustrative French Words
ai, ae	[e]	Like *a* in *date*	parlerai; serai; oesophage
ai, aî	[ɛ]	Like *e* in *let*	aider; mais; paître
au, eau	[o]	Like *o* in *go*	au; aussi; autre
au, um	[ɔ]	Like *o* in *knot*	Paul; mauvais; al- bum
ei, ey	[ɛ]	Like *e* in *let*	Eiffel; Seine
eu, eû, œu	[ø]	Like *u* in *fur*; round lips to pronounce *o* (as in *note*) and pronounce [e] as in *day*.	eux; milieu; bœufs; Monsieur
eu, œu,	[œ]	Like *u* in *fur*, but the	neuf; cœur; sœur;

French Letter	Phonetic Symbol	Description of Sound	Illustrative French Words
œ, ue		mouth is more open than for [ø]; round lips to pronounce *o* (*note*) and pronounce [ɛ] (*let*).	heure; œillet; cueillir; bœuf
eu, eû	[y]	No counterpart in English. Occurs only in certain forms of the verb *être*	eurent; eu; eûmes
ou, où, oû	[u]	Like *oo* in *moon*	ou; où; nous; vous; tout; goût

Nasal Vowels

French nasal vowels have no equivalents in English. They are formed by causing air to escape through both nose and mouth at the same time. Vowels and diphthongs are nasalized when they precede and form a syllable with a single **m** or **n**. (If **m** or **n** is followed by a vowel, it begins a new syllable; hence the preceding vowel is not joined with it and is not nasalized. If **m** or **n** is doubled, there is usually no nasalization. The **m** and **n** after nasalized vowels are not sounded at all.)

French Letter	Phonetic Symbol	Description of Sound	Illustrative French Words
am, an em, en aon, aen aën	[ã]	Pronounce the *a* of *far* through both mouth and nose. Result should be something like *on* in *pond*. (Note that **am, an, em, aon, aen, aën,** and **en** are all identical in sound.)	grand; enfant; lampe; emporte; paon; Caen; Laon; Saint-Saëns; agent
im, in aim, ain eim, ein, en, ym, yn	[ɛ̃]	The [ɛ] sound nasalized, but slightly more open. Like *an* in *bank*.	faim; important; jardin; thym; saint; peint; Reims agenda; lynx; mémento
om, on un, um	[ɔ̃]	The [ɔ] sound nasalized, but slightly more closed. Like *on* in *long*.	nom; non; mon; maison; salon; jungle; punch; secundo; lumbago
um, un, eun	[œ̃]	The [œ] sound nasalized, but slightly more open. Like *un* in *grunt*.	un; parfum; jeun

Semi-Vowels

French Letter	Phonetic Symbol	Description of Sound	Illustrative French Words
i, y	[j]	Like *y* in *yes*	assiette; bien; viande

French Letter	Phonetic Symbol	Description of Sound	Illustrative French Words
oi, oe, oê, oï	[wa]	Like *w* in *we* plus [a]	avoir; moi; moelle; poêle; cloître; croître
u	[ɥ]	Pronounce [y] merged with the following vowel.	lui; huit; nuit
oin	[wɛ̃]	Like *w* in *we* plus [ɛ̃]	loin; point; moins
ou	[w]	Like *w* in *we*	oui; ouest; jouer

Consonants

Most consonants are silent at the end of words; however, **c, f, l, r,** and **s** are pronounced at the end of certain words.

French Letter	Phonetic Symbol	Description of Sound	Illustrative French Words
b	[b]	Like *b* in *barb*	beau; bon; table
c	[k]	Like *k* in *kick* (**c** has this sound when final or before **a, o,** or **u.**)	avec; école; café; camarade; comme; culture
c, ç	[s]	Like *s* in *see* (**c** has this sound before **e, i,** or **y** or when written with a cedilla).	ce; cela; ça; France; français; garçon; ici
ch	[ʃ]	Like *sh* in *shoe*	chaise; chaud; chambre; chance; riche
d	[d]	Like *d* in *did*	dans; deux; dame; debout
f	[f]	Like *f* in *fat*	frère; femme [fam]; fenêtre [fənɛ:tr]
g	[g]	Like *g* in *go* (**g** has this sound before **a, o, u,** or a consonant.)	garçon; gauche; glace; goût; grand; guide
g	[ʒ]	Like *s* in *pleasure* (**g** has this sound before **e, i,** or **y.**)	argent; rouge
h	—	Never pronounced; mute **h** has no effect upon pronunciation; before aspirate **h**, there is no linking and no liaison.	l'heure; l'homme; la huitième leçon
j	[ʒ]	Like *s* in *pleasure*	je; jardin; jeune; joli; jour; jus

French Letter	Phonetic Symbol	Description of Sound	Illustrative French Words
k	[k]	Like *k* in *kick*	kilomètre
l	[l]	Like *l* in *law*	le; la; les; salon
l, ll	[j]	Like *y* in *yes* (l has this sound often after **i** at the end of word; ll has this sound when between **i** and another vowel. The sound is known as liquid l; **Fr.** *l mouillé*.)	conseil; soleil; fauteuil; famille; fille; cuiller; meilleur
m, mm	[m]	Like *m* in *man* (Do not sound **m** when preceding vowel is nasalized.)	mari; mère; maman; mois; même; homme; femme [fam]
n, nn	[n]	Like *n* in *not* (Do not sound **n** when preceding vowel is nasalized.)	nom; non; neuf; nous; bonne; Jeanne; donner [dɔne]; une
p	[p]	Like *p* in *pop*	papier; pas; père; penser; pièce; porte; puis; prêt
q	[k]	Like *k* in *kick*	qui; que; quelque; presque; cinq; quoi
r	[r]	No counterpart in English. French **r** is formed by *trilling* either the tip of the tongue or the uvula.	frère; mère; père; mari; rapide; regarder; règle; repas; riche; rouge; route; rue
s, ss	[s]	Like *s* in *see* (Double **s** has a single [s] sound.)	classe; salle; sœur; Seine; soir; aussi
s	[z]	Like *z* in *zone* (**s** has this sound when between two vowels.)	chaise; rose; saisir; visage; maison
t	[t]	Like *t* in *tall*	table; porte; thé; trois
v	[v]	Like *v* in *vine* and *cave*	avec; va; vendre; élève; vigne
x	[ks]	A combination of **k** and **s**	excellent; extrême; explication; expliquer; exprimer
x	[gz]	A combination of **g** and **z**	exact; examen; exemple
x	[s]	Like *s* in *class*	six; dix; soixante
x	[z]	Like *z* in *zone*	deuxième; dixième
z	[z]	Like *z* in *zone*	zéro

Special Combinations of Letters

French Letter	Phonetic Symbol	Description of Sound	Illustrative French Words
gn	[ɲ]	Like *ny* in *canyon*	campagne; montagne
ph	[f]	Like *f* in *fat*	Philippe; photo
ti	[s]	Sometimes like *s* in *see* (If initial, **ti** = [ti].)	action; nation
th	[t]	Like *t* in *top*	thé; théâtre

Observations

Note that the same sound may be expressed by various letters or combinations of letters.

[o]   au; eau; mot; hôtel
[j]   bien; avion; famille; fauteuil; hier; ayez
[s]   salle; classe; dix; ici; place; action

The Alphabet

The French names and sounds of the letters of the alphabet are as follows:

a	a [a]	j	ji [ʒi]	s	esse [ɛs]	
b	bé [be]	k	ka [kɑ]	t	té [te]	
c	cé [se]	l	elle [ɛl]	u	u [y]	
d	dé [de]	m	emme [ɛm]	v	vé [ve]	
e	e [ə]	n	enne [ɛn]	w	double vé [dubləve]	
f	effe [ɛf]	o	o [o]	x	iks [iks]	
g	gé [ʒe]	p	pé [pe]	y	i grec [igrɛk]	
h	ache [aʃ]	q	ku [ky]	z	zède [zɛd]	
i	[i]	r	erre [ɛr]			

Final Consonants

Though most consonants are silent at the end of words, **c, f, l, r,** and **s** are sometimes pronounced. There is no special rule on how to pronounce or not to pronounce these final consonants. The phonetic symbols found in the dictionary show whether or not they are pronounced.

Pronounced	Not Pronounced	Pronounced	Not Pronounced
avec [avɛk]	banc [bɑ̃]	sœur [sœ:r]	parler [parle]
autobus [ɔtɔby:s, otoby:s]	jus [ʒy]	chef [ʃɛf]	clef [kle]
fils [fis]	fois [fwa]	ciel [sjɛl]	détail [detɑ:j]
amour [amu:r]	donner [dɔne]		

Linking ("liaison")

1. Within a group of words closely associated, a final consonant (whether usually sounded or not) is regularly sounded and forms a syllable with an initial vowel of a following word.

    un petit enfant [œ̃ pətitɑ̃fɑ̃]
    C'est une jolie maison. [sɛtyn ʒɔli mɛʒɔ̃]

2. A few of the consonants change their sound in *liaison:* **s** and **x** become **z**; **d** becomes **t**; **f** often becomes **v**; **g** becomes **k**.

    les hommes [lezɔm]   neuf heures [nœvœːr]
    deux amis [døzami]   un sang impur [œ̃ sɑ̃kɛ̃pyːr]
    un grand homme [œ̃ grɑ̃tɔm]

3. The **n** of a nasal is carried on, and the nasal vowel loses its nasality in part, or even wholly.

    un bon ami [œ̃ bɔ̃nami] OR [œ̃ bɔnami]

4. The **t** of **et** (*and*) is always silent.

    un homme et une femme [œ̃nɔm e yn fam]   lui et elle [lyi e ɛl]

5. *Liaison* is rarely if ever made between a noun subject and a verb in normal affirmative word order.

    Les enfants ont joué dans le parc. [lezɑ̃fɑ̃ ɔ̃ ʒwe dɑ̃ləpark.]

Appendix C: Glossary of Grammatical Terms

adjective A word that is used to describe a noun: *tall* girl, *difficult* lesson.

adverb A word that modifies a verb, an adjective, or another adverb. It answers the questions "How?", "When?", "Where?": She walked *slowly*. She'll be here *tomorrow*. She is *here*.

agreement A term usually applied to adjectives. An adjective is said to show agreement with the noun it modifies when its ending changes in accordance with the gender and number of the noun. In French, a feminine plural noun requires a feminine plural ending in the adjective that describes it (**les maisons blanches**) and a masculine singular noun requires a masculine singular ending in the adjective (**les livres noirs**).

article See *definite article* and *indefinite article*.

auxiliary verb A verb that helps in the conjugation of another verb: I *have* finished. He *was* called. She *will* go. He *would* eat.

command form The form of the verb used to give an order or a direction: *Go! Come back! Turn to the right!*

conjugation The process by which the forms of the verb are presented in their different tenses: I *am*, you *are*, he *is*, she *was*, we *were*, etc.

definite article A word used before a noun indicating a definite person or thing: *the* woman, *the* money.

demonstrative A word that refers to a definite person or object: *this, that, these, those*.

exclamation A word used to express emotion: *How* strong! *What* beauty!

gender A distinction of nouns, pronouns, and adjectives, based on whether they are masculine or feminine.

indefinite article A word used before a noun that refers to an indefinite person or object: *A* child. *An* apple.

infinitive The form of the verb generally preceded in English by the word *to* and showing no subject or number: *to do, to bring*.

interrogative A word used in asking a question: *Who? What? Where?*

main clause A group of words that includes a subject and a verb and by itself has complete meaning: *They saw me. I go now.*

noun A word that names a person, place, thing, etc.: *Ann, London, pencil*, etc.

number Number refers to singular and plural: *chair, chairs*.

object Generally a noun or a pronoun that is the receiver of the verb's action. A direct object answers the question *"What?"* or *"Whom?"*: We know *her*. Take *it*. An indirect object answers the question *"To whom?"* or *"To what?"*: Give *John* the money. Nouns and pronouns can also be objects of prepositions: The letter is *from Rick*. I'm thinking *about you*.

past participle Past form of a verb used either with an auxiliary verb or as an adjective: *gone, worked, written*, etc.

person The form of the pronoun and of the verb that shows the person referred to: *I* (*first-person singular*), *you* (*second-person singular*), *she* (*third-person singular*), etc.

possessive A word that denotes ownership or possession: This is *our* house. The book isn't *mine*.

preposition A word that introduces a noun, pronoun, adverb, infinitive, or present participle and indicates its function in the sentence: They were *with* us. She is *from* Nevada.

pronoun A word that is used to replace a noun: *she, them, us*, etc. A subject pronoun refers to the person or thing spoken of: *They* work. An object pronoun receives the action of the verb: They arrested *us* (*direct object pronoun*). She spoke to *him* (*indirect object pronoun*). A pronoun can also be the object of a preposition: The children stayed with *us*.

reflexive pronoun A pronoun that refers back to the subject: *myself, yourself, himself, herself, itself, ourselves*, etc.

subject The doer of the action; the person, place or thing spoken of: *Robert* works. *Our car* is new.

subordinate clause A clause that has no complete meaning by itself, but depends on a main clause: They knew *that I was here*.

tense The group of forms in a verb that show the time in which the action of the verb takes place: *I go* (*present indicative*); *I went* (*past*); *I shall go* (*future*); *I would go* (*conditional*); *I have gone* (*present perfect*); *I had gone* (*past perfect*); *that I may go* (*present subjunctive*); etc.

verb A word that expresses an action or a state: We *sleep*. The baby *is* sick.

Appendix D: Careers and Occupations

accountant un / une comptable
actor un acteur
actress une actrice
ad man un / une publicitaire; un / une spécialiste de publicité
administrator un administrateur
advertiser un organisme de patronage; un annonceur
advisor un conseiller / une conseillère juridique
agent un / une agent(e)
architect un / une architecte
associate un / une associé(e)
attorney un / une avoué(e)
auctioneer un / une commissaire priseur
auditor un / une expert(e) comptable; un vérificateur / une vérificatrice de comptes
author un auteur
backer un / une commanditaire
baker un boulanger / une boulangère; un patissier / une patissière
bank officer un / une fondé(e) de pouvoir
bankteller un caissier / une caissière
banker un banquier / une banquière
barber un coiffeur / une coiffeuse
bartender un barman
bill collector un percepteur / une perceptrice
bookkeeper un / une comptable
bricklayer un maçon
broker un courtier / une courtière

businessman un homme (une femme) d'affaires; des gens d'affaires; un entrepreneur
butcher un boucher / une bouchère
buyer un acheteur / une acheteuse; un chef d'approvisionnement
cameraman un caméraman
carpenter un charpentier
cashier un caissier / une caissière
caterer un fournisseur (un traiteur) en alimentation
certified broker un courtier / une courtière agréé(e)
certified public accountant un / une expert(e) comptable
chairman un président / une présidente
chief operating officer un directeur / une directrice général(e); (P-D.G.)
chemical engineer un ingénieur chimiste
chemist un chimiste
chiropractor un chiropracticien / une chiropracticienne
civil servant un / une fonctionnaire
clerk un commis; un / une employé(e); un / une preposé(e) de bureau, de banque
cobbler un cordonnier
composer un compositeur / une compositrice
computer operator un programmateur / une programmatrice

computer scientist un informaticien / une informaticienne
conductor un conducteur
construction worker un manœuvre
constructor un constructeur
consultant un consultant / une consultante; un / une expert(e)-conseil
contractor un traitant
cook un chef; un cuisinier / une cuisinière
copilot un / une copilote
counselor un conseiller / une conseillère d'orientation
court clerk un greffier / une greffière
craftsman un / une artisan(e); un homme de métier
dancer un danseur / une danseuse
dealer un / une concessionnaire
decorator un décorateur / une décoratrice
dental hygienist un / une aide-dentiste
dentist un / une dentiste
designer un designer; un dessinateur / une dessinatrice
detective un policier; un agent de la sûreté
dietician un diététicien / une diététicienne
diplomat un / une diplomate
distributor un / une concessionnaire
dockworker un docker
doctor un médecin; un docteur
draftsman un dessinateur / une dessinatrice
dressmaker un couturier / une couturière; un dessinateur / une dessinatrice de mode
driver un chauffeur
dry cleaners un blanchisseur / une blanchisseuse; un teinturier

economist un / une économiste
editor un rédacteur / une rédactrice; un éditeur / une éditrice
editor-in-chief un rédacteur / une rédactrice en chef; un directeur / une directrice
electrical engineer un ingénieur en électricité
electrician un électricien / une électricienne
engineer un ingénieur
engineering technician un ingénieur technicien
farmer un fermier / une fermière; un agriculteur
fashion designer un grand couturier / une grande couturière
fireman un pompier
fisherman un pêcheur
flight attendant un steward / une hôtesse de l'air
foreman un contremaître
funeral director un entrepreneur de pompes funèbres
garbage collector un éboueur; un boueux
gardener un jardinier / une jardinière
guard un garde; un gardien / une gardienne
hairdresser un coiffeur / une coiffeuse
home economist un / une économiste domestique
housekeeper une ménagère; une gouvernante; un gardien (de maison)
industrial engineer un ingénieur industriel
inspector un inspecteur
instructor un enseignant / une enseignante; un moniteur / une monitrice; un professeur
insurance agent un courtier / une courtière d'assurance

interior designer un décorateur / une décoratrice intérieur
interpreter un / une interprète
investigator un investigateur / une investigatrice
janitor un / une concierge; un gardien
jeweler un bijoutier
joint manager un cogérant / une cogérante; un co-directeur / une co-directrice
joint owner un / une co-propriétaire
joint partner un / une associé(e)
journalist un / une journaliste
judge un juge
landlord un / une propriétaire
lawyer un / une avocat(e)
librarian un / une bibliothécaire
machinist un / une machiniste; un opérateur / une opératrice sur machine
maid une bonne; une employée de maison
mail carrier un facteur / une factrice
manager un directeur / une directrice; un administrateur; un / une gérant(e)
manufacturer un fabricant
meat cutter un boucher / une bouchère
mechanic un mécanicien
merchant un marchand; un / une négociant(e)
midwife une sage femme
military un / une militaire
miner un mineur
model un mannequin
musician un musicien / une musicienne
night watchman un veilleur (un gardien) de nuit
notary un / une notaire
nurse un infirmier / une infirmière

optician un opticien / une opticienne
optometrist un / une optométriste
owner un / une propriétaire
painter un / une peintre
partner un / une partenaire
pastry chef un patissier / une patissière
pharmacist un pharmacien / une pharmacienne
photographer un / une photographe
physical therapist, physiotherapist un / une kinésithérapeute
physician un médecin; un docteur
pilot un / une pilote
plumber un plombier
policeman un agent (de police); un gendarme; un C.R.S. (*used chiefly for riot control*)
president un président; un directeur général
printer un imprimeur
private detective un / une détective
professor un professeur (*high school or college*)
psychologist un / une psychologue
public relations agent un / une agent(e) des relations publiques
publicity agent un / une publicitaire; un / une agent(e) de publicité
real estate agent un / une agent(e) immobilier; un / une agent(e) de biens immobiliers
receptionist un / une réceptionniste
reporter un / une journaliste; un / une reporter
representative un représentant; un / une mandataire; un / une concessionnaire
retailer un détaillant

sailor un marin; un matelot
salesman un vendeur / une vendeuse
scientist un / une scientifique; un / une savant(e)
seamstress une couturière
secretary un / une secrétaire
shoemaker un cordonnier / une cordonnière
shopkeeper un / une commerçant(e); un / une negociant(e)
shorthand typist un / une sténo-dactylo
skilled worker un ouvrier / une ouvrière spécialisé(e), qualifié(e)
skipper un capitaine, un chef d'équipe
social worker un / une assistant(e) social(e)
sociologist un / une sociologue
stenographer un / une sténographe
stewardess une hôtesse de l'air
stockbroker un agent de change
subcontractor un sous-traitant
supervisor un / une surveillant(e); un chef de rayon, de bureau, de service; un agent de maîtrise
surgeon un chirurgien / une chirurgienne
systems analyst un / une analyste programmeur
tailor un tailleur
tax consultant un conseiller / une conseillère fiscal(e)
taxi driver un chauffeur de taxi

teacher un instituteur / une institutrice (*elementary school*)
technician un technicien / une technicienne
telephone operator un / une standardiste; un / une téléphoniste
television and radio technician un technicien / une technicienne de radio et de télévision
therapist un / une thérapeute
trader un / une commerçant(e), un / une négociant(e)
transporter un transporteur; un transitaire
travel agent un / une agent(e) de voyage
traveling salesman un commis; un voyageur; un représentant
truck driver un camionneur; un routier
typist un / une dactylographe
undertaker un entrepreneur de pompes funèbres
unskilled worker un ouvrier / une ouvrière non qualifié(e), non specialisé(e); un / une manœuvre
veterinarian un / une vétérinaire
waiter un garçon
watchmaker un / une horloger(ère)
watchman un gardien
wholesaler un / une grossiste
worker un travailleur; un ouvrier / une ouvrière

Appendix E: Answer Key to Self-Testing Sections

Chapter 1

A. 1. ils 2. nous 3. vous 4. elles

B. 1. Nous téléphonons à Monique. 2. Tu téléphones à Monique. 3. Tu téléphones à Pierre. 4. Vous pensez à Paul. 5. Je pense à Pierre. 6. Elle pense à Pierre. 7. Tu regardes la photo. 8. Ils regardent la photo. 9. Nous regardons la photo. 10. Vous examinez la photo. 11. Il examine la photo. 12. Elles examinent la photo.

C. *Interrogative.* 1. Vous parlez français, n'est-ce pas? 2. Elles préparent le dossier, n'est-ce pas? 3. Nous entrons dans le restaurant, n'est-ce pas? 4. Le professeur discute le problème, n'est-ce pas? 5. Tu travailles à Paris, n'est-ce pas?

1. Est-ce que vous parlez français? 2. Est-ce qu'elles préparent le dossier? 3. Est-ce que nous entrons dans le restaurant? 4. Est-ce que le professeur discute le problème? 5. Est-ce que tu travailles à Paris?

1. Parlez-vous français? 2. Préparent-elles le dossier? 3. Entrons-nous dans le restaurant? 4. Le professeur discute-t-il le problème? 5. Travailles-tu à Paris?

Negative. 1. Vous ne parlez pas français. 2. Elles ne préparent pas le dossier. 3. Nous n'entrons pas dans le restaurant. 4. Le professeur ne discute pas le problème. 5. Tu ne travailles pas à Paris.

D. 1. le chèque 2. la situation 3. la lettre 4. le dossier 5. la réponse 6. le commencement 7. le projet 8. la profession 9. l'homme 10. la dame 11. la ville 12. le téléphone 13. la rue 14. la réponse 15. le nom

E. 1. cinq 2. cinquante et un 3. cent soixante et un 4. mille 5. soixante-six 6. huit 7. onze 8. trois cent quarante-neuf 9. quatre 10. vingt-huit

Chapter 2

A. 1. le professeur 2. les chapeaux 3. la France 4. la difficulté

B. 1. les grands prix 2. les bonnes réponses 3. les beaux livres 4. les maisons rouges 5. les petits animaux 6. les yeux noirs

C. 1. belle 2. dernière 3. nouvel, grosse 4. petit, bon

D. 1. Marie-Louise déteste le nouveau manteau. 2. Ils cherchent des livres rouges. 3. La femme sportive gagne trois prix. 4. Marc donne la première réponse. 5. J'aime la nouvelle maison.

E. 1. des réponses 2. des voyageurs 3. des livres de chimie 4. des professeurs de français

F. 1. Paulette ouvre le livre. Ils ouvrent le livre. J'ouvre le livre. Tu ouvres le livre. Vous ouvrez le livre. Nous ouvrons le livre. 2. Marc et François cueillent des fleurs. Nous cueillons des fleurs. Tu cueilles des fleurs. Elle cueille des fleurs. Vous cueillez des fleurs. 3. Je ne souffre pas. Nous ne souffrons pas. Ils ne souffrent pas. Tu ne souffres pas. Vous ne souffrez pas.

Chapter 3

A. 1. Il est intelligent 2. Je suis médecin 3. Nous sommes heureux 4. Vous êtes célèbre 5. Elles sont gentilles 6. Elle est avocate 7. Tu es jeune 8. Ils sont beaux

B. 1. ma leçon 2. votre chapeau 3. mes télévisions 4. mes amies 5. nos universités 6. leur chaise 7. tes fils 8. son short 9. notre journal 10. ses lettres

C. 1. Nous regardons les photos de l'étudiante. 2. Le dossier de la dame est sur la chaise. 3. Nous examinons le questionnaire des étudiants. 4. Le chapeau du professeur est beau. 5. Vous ouvrez le télégramme de l'administrateur.

D. 1. Je pense aux étudiants 2. Elle téléphone à Louisette 3. Nous parlons à l'administrateur 4. Tu n'es pas à l'hôtel Crillon 5. Vous donnez les billets à la dame.

E. 1. Je vais au restaurant. Ils vont au restaurant. Elle va au restaurant. 2. Elles vont au concert. Vous allez au concert. Il va au concert.

Chapter 4

A. 1. Quel avion regardes-tu? 2. Quelle heure est-il? 3. Quels manteaux aimez-vous? 4. Quelles robes désire-t-elle? 5. Quel prix! *or* Quels prix! 6. Quel est le nom du livre?

B. 1. Je rentre à neuf heures du soir. 2. Elle va à l'université à onze heures et quart du matin. 3. Je regarde la télévision à sept heures et demie du soir. 4. L'avion de New York arrive à vingt heures douze. 5. Nous allons au restaurant à huit heures moins vingt.

C. 1. passe 2. en retard / à l'heure 3. à l'heure / en retard 4. dure

D. 1. Non, je n'ai pas froid. 2. Non, nous n'avons pas envie de chanter. 3. Non, tu n'as pas tort. 4. Non, je n'ai pas soif. 5. Non, elle n'a pas chaud.

Chapter 5

A. 1. Elle entend la musique. Vous entendez la musique. Ils entendent la musique. 2. Adrienne choisit un livre. Tu choisis un livre. Nous choisissons un livre. 3. Ils dorment bien. Vous dormez bien. L'enfant dort bien.

B. 1. Nous buvons une bière. 2. Georges ne peut pas répondre. 3. La dame veut un kilo de viande. 4. Tu bois beaucoup de vin. 5. Nous ne voulons pas aller au restaurant.

C. 1. L'étudiant boit du vin, de la bière, de l'eau. 2. Je veux de la viande, des pommes, du coca. 3. Tu aimes le champagne, la viande, les oranges. 4. Vous ne voulez pas de livres, de salade, de pain.

D. 1. J'ai beaucoup d'amies. 2. Il a trop de bière. 3. La plupart des pommes sont bonnes. 4. Je veux cent grammes de viande.

Chapter 6

A. 1. Est-ce qu'elle fait ses devoirs? / Fait-elle ses devoirs? 2. Est-ce qu'il fait beau? / Fait-il beau? 3. Est-ce que nous faisons courir le chien? / Faisons-nous courir le chien? 4. Est-ce qu'il fait frais? / Fait-il frais? 5. Est-ce qu'ils font du ski? / Font-ils du ski?

B. 1. Jacqueline est plus grande que sa sœur. 2. Jacqueline est la plus grande fille de la famille. 3. Mes classes sont meilleures que tes classes. 4. Nous discutons le problème le moins difficile de l'examen. 5. Nos devoirs sont aussi compliqués que vos devoirs.

C. 1. Tu vas manger / Nous allons manger / Ils vont manger maintenant. 2. Je ne vais pas répondre / Elle ne va pas répondre / Vous n'allez pas répondre au téléphone. 3. Vont-elles écouter / allons-nous écouter / Jacques va-t-il écouter la radio.

D. 1. Je prends 2. Elle met 3. Nous ne comprenons pas 4. Ils promettent

Chapter 7

A. 1. Réponds à la question! / Répondons à la question! / Répondez à la question! 2. Choisis un livre! / Choisissons un livre! / Choisissez un livre! 3. Donne la réponse! / Donnons la réponse! / Donnez la réponse! 4. Sois sage! / Soyons sages! / Soyez sage(s)!

1. Ne réponds pas à la question! / Ne répondons pas à la question! / Ne répondez pas à la question! 2. Ne choisis pas de livre! / Ne choisissons pas de livre! / Ne choisissez pas de livre! 3. Ne donne pas la réponse! / Ne donnons pas la réponse! / Ne donnez pas la réponse! 4. Ne sois pas sage! / Ne soyons pas sages! / Ne soyez pas sage(s)!

B. 1. Il y a un journal sur la table. Voici (Voilà) mes amis.

C. 1. le mien 2. les leurs 3. le nôtre 4. au tien 5. de la mienne 6. le sien 7. sur la vôtre 8. aux miens 9. des tiennes

D. 1. Nous revenons du théâtre. 2. Elle n'obtient pas de réponse au téléphone. 3. Les enfants deviennent très fatigués.

E. Le directeur vient de regarder le dossier. 2. Nous venons d'écouter la radio. 3. Je viens de vendre ma voiture. 4. Vous venez de rougir.

Chapter 8

A. 1. Habite-t-il à Marseille? 2. Ne choisissons-nous pas de film? 3. Attend-elle l'autobus?

B. 1. L'a-t-il? 2. Je les fais. 3. Nous ne l'aimons pas. 4. M. et Mme Laurent le comprennent.

C. 1. Nous ne connaissons pas le médecin. 2. Marianne sait toujours donner la bonne réponse. 3. Reconnaissez-vous mon jeune frère?

D. 1. Chantez plus doucement, s'il vous plaît. 2. Le propriétaire répond gentiment à ma question. 3. Jacqueline connaît bien Sylvie; Marie-Ange connaît mieux Rose.

Chapter 9

A. 1. Oui, j'écris une longue lettre. 2. Non, ils ne disent pas toujours la vérité. 3. Oui, je lis attentivement. 4. Non, je ne dis pas souvent à Paul de parler plus lentement.

B. 1. Oui, je leur téléphone. 2. Non, elle ne lui écrit pas de lettre. 3. Oui, ma mère me parle.

C. 1. Je le leur donne. 2. Vous me la dictez. 3. Nous vous la vendons.

D. 1. Unième 2. dixième 3. vingt-troisième 4. cinquantième 5. quatre-vingt-onzième 6. cent quinzième

E. 1. Je voyage depuis le 15 février. 2. Je voyage depuis un mois. 3. Je vais voyager pendant un mois.

Chapter 10

A. 1. Non, ils n'y vont pas. 2. Oui, elle en a six. 3. Oui, j'y réponds vite. 4. Non, il n'en a pas besoin.

B. 1. Nous achetons, ils achètent des pommes. 2. Vous considérez, elle considère sérieusement votre suggestion. 3. Tu ficelles, nos amies ficellent bien le paquet. 4. Il emploie, nous employons, vous employez beaucoup de gens. 5. Vous nagez, tu nages, nous nageons bien.

C. 1. Lis-le moi! 2. Vas-y! 3. Ne me la dites pas! 4. Achetons-en!

D. 1. Je préfère ce livre-ci à ce livre-là. 2. Le professeur compare cette leçon-ci à cette leçon-là. 3. Nous décrivons cette femme, cet homme, et ces enfants.

E. 1. Oui, je conduis bien. 2. Oui, nous construisons une maison d'été.

Chapter 11

A. 1. Oui, il préfère celui-là. 2. Oui, elles aiment ceux de Dior. 3. Non, je ne connais pas celle-là. 4. Non, je n'achète pas celles-là.

B. 1. Christian se lave les mains. 2. Le conférencier a mal à la gorge. 3. Nous allons nous habiller vite. 4. Couche-toi immédiatement!

C. 1. le front 2. le sourcil 3. l'œil 4. les cils 5. la joue 6. le nez 7. les cheveux 8. l'oreille 9. la bouche 10. les dents 11. le menton 12. la tête

D. 1. Nous prévoyons, ils prévoient, elle prévoit un désastre. 2. Ils vous croient, je vous crois, nous vous croyons honnête.

E. 1. Elle est restée à la maison. 2. Nous avons attendu un taxi. 3. Le petit chien a frémi à cause du froid. 4. Vous avez mangé trop vite. 5. Robert s'est levé tard ce matin.

Chapter 12

A. 1. Ces deux amis se connaissent bien. 2. Catherine et Monique se sont téléphoné aujourd'hui.

B. 1. J'ai vu quelqu'un. 2. Elle en a vu quelques-unes. 3. Nous avons vu quelque chose.

C. 1. Tu n'as vu personne au théâtre, n'est-ce pas? 2. Rien n'est important, n'est-ce pas? 3. Elle ne retrouve jamais ses amis chez Philippe, n'est-ce pas?

D. 1. Tu t'assieds, vous vous asseyez, elle s'assied vite. 2. Je me plais, les touristes se plaisent, nous nous plaisons en France.

Chapter 13

A. *Negative.* 1. Vous n'avez pas acheté de chaussures. 2. Elle n'a terminé que trois leçons. 3. M. Leclerc n'est jamais allé à Bruxelles.

Interrogative. 1. Avez-vous acheté des chaussures? 2. A-t-elle terminé trois leçons? 3. M. Leclerc est-il allé à Bruxelles?

B. 1. Je veux l'acheter. 2. Pourquoi ne l'avez-vous pas mangé? 3. La lui a-t-il donnée? 4. Tu n'y as pas bien répondu. 5. Je les ai écoutées avec plaisir.

C. 1. Mon directeur est devenu fou. 2. Je suis né le 4 décembre. 3. Elle a lu trois romans. 4. Ils sont venus de Paris.

D. 1. Nous choisissions des livres intéressants. 2. Elle était douce, ma mère. 3. Les acteurs racontaient une belle histoire. 4. Je réfléchissais à tes problèmes. 5. J'attendais l'arrivée du train.

Chapter 14

A. 1. Je lisais . . . tu es arrivé. 2. le téléphone a sonné . . . je dormais

B. 1. Elle doit, ils doivent, je dois étudier. 2. Tu reçois, vous recevez, elle reçoit la lettre.

C. j'étais / j'allais / nous y sommes allées / nous sommes arrivées / ma sœur n'a pas pu / elle a perdu / elle les a trouvés / nous nous sommes assises / il faisait / je me suis assise / qui dormait.

D. 1. Mes amis se parlent pendant qu'ils regardent la télévision. 2. Mes amis s'aiment depuis qu'ils se sont rencontrés.

Chapter 15

A. 1. Je démissionerai / Je démissionerais après la conférence. 2. Tu liras / Tu lirais mes pensées 3. Le professeur répondra / Le professeur répondrait aux questions. 4. Pourquoi rougiront-ils / rougiraient-ils? 5. Nous ne comprendrons pas / Nous ne comprendrions pas le problème.

B. 1. Paul voudra / voudrait téléphoner. 2. Nous serons / serions heureux. 3. Elles pourront / pourraient le faire. 4. Tu iras / irais au cinéma.

C. 1. Il fallait / faudra écrire une lettre immédiatement. 2. Il ne vaudra pas / n'a pas valu soixante et onze dollars!

D. 1. Dites-moi ce qui est arrivé. 2. Le patron ne comprend pas ce que vous avez dit. 3. Aimez-vous ces vases-ci ou ceux que vous regardez? 4. As-tu acheté la voiture que tu as regardée la semaine dernière. 5. C'est le film qui a gagné tant de prix.

Chapter 16

A. 1. Montre-moi le bureau dans lequel tu travailles. 2. Voilà la jeune fille avec laquelle il a nettoyé la voiture. 3. Je connais le garçon dont le père est mort. 4. Voici la chaise sous laquelle elle a vu le portefeuille. 5. Je n'ai pas reconnu la personne avec qui tu te promenais hier.

B. 1. Je ne crains rien / Nous ne craignons rien / Elle ne craint rien. 2. Nous peignons bien / Tu peins bien / Ils peignent bien.

C. 1. Oui, c'est lui. 2. Oui, je parle de lui. 3. Oui, je veux m'asseoir à côté d'elle.

D. 1. elle avait écrit 2. nous étions allés chez elle. 3. elles avaient répondu 4. vous aviez parlé au téléphone.

Chapter 17

A. 1. Qui 2. De quoi 3. Qu'est-ce que 4. Qui est-ce que 5. Que

B. 1. Je suis / Elle suit / Ils suivent une route difficile. 2. Vous vivez / Il vit / nous vivons tranquillement.

C. 1. Nous serons sortis / Nous serions sortis à cinq heures. 2. J'aurai fait / J'aurais fait mes valises. 3. Vous aurez répondu / Vous auriez répondu trop vite. 4. Elle aura détaillé / Elle aurait détaillé son procédé.

D. 1. je viendrai 2. je viendrais 3. je serais venu

Chapter 18

A. 1. que je parle 2. qu'elle fasse 3. que l'acteur attende 4. que vous ayez 5. qu'ils sachent 6. qu'il finisse 7. que tu sois 8. que j'aille 9. qu'elles viennent 10. que nous rendions.

B. 1. Il est temps que tu répondes à la question. 2. Nous voulions qu'elle fasse du piano. 3. Il est certain qu'il fera beau demain. 4. Madeleine regrette que vous soyez en retard. 5. Il ne pense pas que Paul vienne demain. 6. Mon père voudra qu'elle voit mes notes.

C. 1. Il semble que nous n'ayons pas étudié / que tu n'aies pas étudié / qu'elles n'aient pas étudié.   2. Je regrette qu'ils soient déjà partis / que Margot soit déjà partie / que nous soyons déjà partis.

D. 1. Nous rions   2. Je ne souriais pas   3. Pourquoi riiez-vous?   4. Ne ris pas

Chapter 19

A. 1. que tu n'aies pas téléphoné   2. que Pierre ait déjà vendu   3. que vous ayez demandé

B. 1. vous m'aimiez   2. Bien que vous soyez arrivé   3. jusqu'à ce que vous expliquiez

C. 1. Après   2. d'   3. à   4. x   5. à   6. de

D. 1. J'enverrai / nous enverrons / ils enverront, vous enverrez une lettre demain.   2. Elle t'envoie ses / ils t'envoient leurs / vous nous envoyez vos / je t'envoie mes remerciements

Chapter 20

A. 1. tout en pleurant   2. sachant   3. décevant

B. 1. Nous devrions téléphoner   2. Elle doit aider   3. Ils devaient aller à Paris.

C. 1. La leçon est expliquée par le professeur.   2. Le bébé était protégé par le chien.   3. La pomme a été mangé par l'enfant.

Vocabulary

French–English

A

à   at, in, to
à bientôt   see you soon
à cause de   on account of
à côté de   beside, next to
à demain   see you tomorrow
à l'heure   on time
à moins de   without
à moins que   unless
à plus tard   see you later
absent(e)   absent
accepter   to accept
accident (m.)   accident
accompagner   to accompany
accueillir   to welcome
acheter   to buy
acteur (m.)   actor
actrice (f.)   actress
addition (f.)   bill
admettre   to admit
administrateur (m.)   administrator
adorer   to love, to adore
adresse (f.)   address
afin de   in order to
afin que   in order that, so that
âge (m.)   age
agence de voyages (f.)   travel agency
agent de voyages (m.)   travel agent
agir   to act
agréable   pleasant, agreeable
aider   to help
aimer   to like
aimer mieux   to prefer
allemand (m.)   German
aller   to go
s'en aller   to go away
amener   to take someone)
ami(e) (m. and f.)   friend
amusant   amusing
s'amuser   to have a good time, to have fun
an (m.)   year

anglais (m.)   English
animal (m.)   animal
août (m.)   August
apercevoir   to perceive, to notice
apparaître   to appear
appartenir   to belong
appeler   to call
apprécier   to appreciate
apprendre   to learn
après   after
après que   after
argent (m.)   money
arrivée (f.)   arrival
arriver   to arrive
aspirine (f.)   aspirin
s'asseoir   to sit down
asseyez-vous   sit down, be seated
assez de   enough of
assister à   to be present at
assuré(e)   assured
assurément   assuredly
atteindre   to reach, to attain
attendre   to wait for
attentif(ve)   attentive
attention (f.)   attention, concentration
attentivement   attentively
au revoir   good-bye
aujourd'hui   today
aussi   also
aussitôt que   as soon as
auteur (m.)   author
autobus (m.)   bus
automne (m.)   autumn
autre   other
avancer   to advance
avant de   before
avant que   before
avion (m.)   airplane
avocat (m.)   lawyer
avocate (f.)   lawyer
avoir   to have
avoir . . . ans   to be . . . years old
avoir besoin de   to need
avoir chaud   to be warm
avoir envie de   to want

avoir faim   to be hungry
avoir froid   to be cold
avoir honte de   to be ashamed of
avoir l'air   to seem, to appear to be
avoir mal à . . .   to hurt (somewhere)
avoir peur de   to be afraid of
avoir raison   to be right
avoir soif   to be thirsty
avoir sommeil   to be sleepy
avoir tort   to be wrong
avril (*m.*)   April

B

ballon (*m.*)   ball
banque (*f.*)   bank
banquier (*m.*)   banker
batterie (*f.*)   battery
bavard(e)   talkative
beau, bel, belle   handsome, beautiful
beaucoup de   a lot of
bébé (*m.*)   baby
beige   beige
bête   stupid
bêtise (*f.*)   foolishness
bibliothèque (*f.*)   library
bicyclette (*f.*)   bicycle
bien   well
bien que   although
bière (*f.*)   beer
biftek (*m.*)   steak
billet (*m.*)   ticket
blanc(he)   white
blessé(e) (*m. and f.*)   wounded person
se blesser   to hurt, wound
bleu(e)   blue
boire   to drink
boîte (*f.*)   box
bon(ne)   good
bonjour   Hello (good day)
bonsoir   Hello (good evening)
bouche (*f.*)   mouth
boucher (*m.*)   butcher
boulanger (*m.*)   baker
boulangère (*f.*)   baker
bouteille (*f.*)   bottle
bras (*m.*)   arm
bref(ève)   brief
brièvement   briefly

se brosser   to brush
brouillard (*m.*)   fog
bureau (*m.*)   office

C

cacher   to hide
cadeau (*m.*)   gift
café (*m.*)   coffee
cahier (*m.*)   notebook
caisse (*f.*)   cash register
camarade (*m. and f.*)   companion, friend
Canada (*m.*)   Canada
canadien(ne)   Canadian
candidat (*m.*)   candidate
capitalisme (*m.*)   capitalism
carburateur (*m.*)   carburetor
casserole (*f.*)   saucepan
célèbre   famous
cent grammes de . . .   100 grams of . . .
cérise (*f.*)   cherry
cesser   to stop, to cease
c'est dommage   that's a shame, that's too bad
chaise (*f.*)   chair
chambre (*f.*)   bedroom
champagne (*m.*)   champagne
champignon (*m.*)   mushroom
changer   to alter
changer de   to change
chanson (*f.*)   song
chanter   to sing
chanter faux   to sing off key
chapeau (*m.*)   hat
chaque   each
charmant(e)   charming
chaud(e)   warm
se chausser   to put on one's shoes
chaussette (*f.*)   sock
chaussure (*f.*)   shoe
chef (*m.*)   head cook, boss
chemise (*f.*)   shirt
chemisier (*m.*)   blouse
chèque (*m.*)   check
chèque de voyage (*m.*)   traveler's check
chéquier (*m.*)   checkbook
cher, chère   expensive

chercher to look for
cheveu (*m.*) hair (*used most frequently in the plural:* **les cheveux**
chez at
chien (*m.*) dog
choisir to choose
chose (*f.*) thing
choyer to pamper
cidre cider
ciel (*m.*) sky
cil (*m.*) eyelash
cinéma (*m.*) movie
clair(e) clear
classe (*f.*) class
clé (*f.*) key
client (*m.*) client
cliente (*f.*) client
coca (*m.*) coke
coca-cola (*m.*) coke
colis (*m.*) package
collègue (*m. and f.*) colleague
combien de how much of, how many of . . .
combien de fois how many times?
combien de temps how much time?
comédie (*f.*) comedy
comédien (*m.*) actor
comédienne (*f.*) actress
commander to order
commencement (*m.*) beginning
commencer to begin
comment how
comment allez-vous? How are you?
commerce (*m.*) commerce
commettre to commit
composer to compose
comprendre to understand
compte (*m.*) account
compter to count
concert (*m.*) concert
concevoir to conceive
conduire to drive, to lead
conférence (*f.*) lecture
conférencier (*m.*) lecturer
conférencière (*f.*) lecturer
confus(e) confused
confusément confusedly
connaître to know, to be acquainted with

considérer to consider
constamment constantly
constant(e) constant
construire to construct, to build
consulter to consult
contraindre to constrain, to force
contredire to contradict
corps (*m.*) body
correct(e) correct, right
cou (*m.*) neck
se coucher to go to bed
coude (*m.*) elbow
couleur (*f.*) color
coup de téléphone (*m.*) telephone call
couper to cut
courage (*m.*) courage
courir to run
couronner to crown
courrier (*m.*) mail
cours (*m.*) course
court(e) short
cousin (*m.*) cousin
cousine (*f.*) cousin
coûter to cost
couvrir to cover
craindre to fear
cravate (*f.*) necktie
crayon (*m.*) pencil
critique (*m.*) critic
croire to believe
cruel(le) cruel
cueillir to gather, to pick
cuire to cook
cuisine (*f.*) cooking, kitchen
cuisinier (*m.*) cook
cuisinière (*f.*) cook

D

dame (*f.*) lady
dans in, into
danse (*f.*) dance
danser to dance
date de naissance (*f.*) birth date
de of
de plus furthermore
de rien you're welcome
de si bon cœur so heartily

début (*m.*) beginning
décembre (*m.*) December
décevoir to deceive, to disappoint
décision (*f.*) decision
découvrir to discover
décrire to describe
défendre to defend
déjà already
déjeuner to eat lunch
demain tomorrow
demande (*f.*) request
demander to ask for
démissionner to quit
dent (*f.*) tooth
dentiste (*m. and f.*) dentist
départ (*m.*) departure
se dépêcher to hurry
dépenser to spend
dernier(ère) last
derrière behind
dès que as soon as
descendre to come down, to go down, to bring down
se déshabiller to undress
désirer to desire
détester to hate
détruire to destroy
devenir to become
devoir to owe, to have to
devoir (*m.*) duty
devoirs (les) (*m. pl.*) homework
difficile difficult
difficulté (*f.*) difficulty
dimanche (*m.*) Sunday
dîner to dine
dîner (*m.*) dinner
dire to say
directeur (*m.*) manager
directrice (*f.*) manager
discours (*m.*) speech
discuter to discuss
disque (*m.*) record
distribuer to distribute
divorcé(e) divorced
divorcer to divorce
docteur (*m.*) doctor
doigt (*m.*) finger
domicile (*m.*) residence
donner to give
dormir to sleep

dossier (*m.*) dossier, file
douanier (*m.*) customs' officer
douanière (*f.*) customs' officer
doucement sweetly, gently
douter to doubt
doux(ce) sweet
douzaine (*f.*) dozen
drôle funny
durer to last

E

eau (*f.*) water
économies (les) (*f. pl.*) savings
écouter to listen to
écrire to write
élection (*f.*) election
élégamment elegantly
élégant(e) elegant
élever to bring up
s'embrasser to embrace
employer to employ
emprunter to borrow
en avance early
en face de opposite, across from
en retard late
enchanté(e) happy to make your acquaintance
s'endormir to fall asleep
endroit (*m.*) place
enfant (*m. and f.*) child
enfin finally
énorme huge
énormément enormously
ensemble together
entendre to hear
entrer to come in
entrez! come in!
envoyer to send
épaule (*f.*) shoulder
épeler to spell
épouse (*f.*) spouse, wife
époux (*m.*) spouse, husband
escalier (*m.*) stairway
espérer to hope
essayer to try
essence (*f.*) gasoline
essuyer to wipe, to dry
s'essuyer to dry oneself
et and

état (m.)   state
été (m.)   summer
éteindre   to put out
s'étonner   to be astonished
être   to be
être content de   to be happy
étroit(e)   narrow
étudiant (m.)   student
étudiante (f.)   student
étudier   to study
examen (m.)   test
examiner   to examine
expédier   to mail
explication (f.)   explanation
expliquer   to explain
extraordinaire   extraordinary

F

facile   easy
facilement   easily
facteur (m.)   mailman
faire   to make, to do
se faire mal   to hurt oneself
falloir   to be necessary, must
fatigué(e)   tired
feindre de   to pretend (to)
féminin(e)   feminine
femme (f.)   woman
fenêtre   window
février (m.)   February
ficeler   to tie
fille (f.)   girl, daughter
film (m.)   film
fils (m.)   son
finir   to finish
fleur (f.)   flower
fois (f.)   time
fonctionner   to function, to operate
fou, fol, folle   crazy
fourchette (f.)   fork
frais, fraîche   crisp, fresh
franc (m.)   franc (unit of money)
français(e)   French
frein (m.)   brake
frémir   to shiver
frère (m.)   brother
fromage (m.)   cheese
front (m.)   forehead

G

gagner   to win
gai(e)   gay, happy
gant (m.)   glove
garage (m.)   garage
garagiste (m.)   service station owner
garçon (m.)   boy
garder   to keep
gare (f.)   station
garer   to park
geler   to freeze
général (m.)   general
genou (m.)   knee
gens (les) (m. or f. pl.)   people
gentil(le)   nice
gentiment   gently, politely
golf (m.)   golf
gorge (f.)   throat
grâce à   thanks to
gramme (m.)   gram
grande(e)   tall, big
grandir   to grow up, to grow tall
gras(se)   fat
gratuit(e)   free
gronder   to scold
gros(se)   big, fat
grossir   to grow fat
guérir   to cure
guide (m.)   guide, guidebook

H

s'habiller   to dress
habiter   to live
haut(e)   high
hésiter   to hesitate
heure (f.)   hour
heureusement   happily, fortunately
heureux(se)   happy
hier   yesterday
histoire (f.)   story
hiver (m.)   winter
hocher la tête   to shake one's head
homard (m.)   lobster
homme (m.)   man
hôpital (m.)   hospital
horrible   horrible
hôtel (m.)   hotel
hypothèse (f.)   hypothesis

I

ici here
idée (*f.*) idea
il est temps it is time
il est vrai it is true
il faut que it is necessary, must
il me semble it seems to me
il / elle ne vaut pas it isn't worth
il semble it seems
il n'y a pas de there isn't, there aren't
il y a there is, there are
impatiemment impatiently
impatient(e) impatient
informations (les) (*f. pl.*) news
innocemment innocently
innocent(e) innocent
inquiéter to disturb
inscrire to enroll, to write in, to register
intelligemment intelligently
intelligent(e) intelligent
interrompre to interrupt
inviter to invite

J

jambe (*f.*) leg
janvier (*m.*) January
jazz (*m.*) jazz
je vous en prie you're welcome
je vous présente I'd like to present
jeter to throw
jeudi (*m.*) Thursday
jeune young
joindre to join, to reach
joli(e) pretty
joue (*f.*) cheek
jouer to play
jour (*m.*) day
journal (*m.*) newspaper
juillet (*m.*) July
juin (*m.*) June
jupe (*f.*) skirt
jusqu'à ce que until

K

kilo (*m.*) kilogram
(un kilo de . . . a kilo of . . .)

L

laisser to leave, to let
lancer to throw
se laver to wash
se laver les cheveux to wash one's hair
leçon (*f.*) lesson
lecture (*f.*) reading
lent(e) slow
lentement slowly
lettre (*f.*) letter
lever to raise
se lever to get up
libre free
lieu de naissance (*m.*) place of birth
lire to read
liste (*f.*) list
livre (*m.*) book
livre (*f.*) pound
une livre de . . . a pound of . . .
loin de far from
long(ue) long
longuement at length
lumière (*f.*) light
lundi (*m.*) Monday

M

madame Mrs., madam
mademoiselle miss, ms., young lady
magasin (*m.*) store
magazine (*m.*) magazine
mai (*m.*) May
main (*f.*) hand
maintenant now
maison (*f.*) house
maître (*m.*) master
mal poorly
malade (*m. and f.*) sick person, patient
malheureux(se) unhappy
manger to eat
manquer to miss
manteau (*m.*) coat
se maquiller to put on make-up
marcher walk
marcher sur les pieds de quelqu'un to step on someone's feet
mardi Tuesday

mari (*m.*) husband
marié(e) married
mars (*m.*) March
masculin(e) masculine
mathématiques (*f. pl.*) math
matin (*m.*) morning
matinée (*f.*) morning
mauvais(e) bad
mécanicien (*m.*) mechanic
médecin (*m.*) doctor
médicament medicine
meilleur(e) better
même same
mener to lead
mentir to lie
menton (*m.*) chin
mer (*f.*) sea
merci thank you
merci beaucoup thank you very much
mercredi (*m.*) Wednesday
mère (*f.*) mother
message (*m.*) message
mettre to put, to place
mettre le couvert to set the table
mieux better
minute (*f.*) minute
mois (*m.*) month
monde (*m.*) world
monsieur mister, sir, Mr.
monter to go up, to climb, to take up
montre (*f.*) watch
montrer to show
mot (*m.*) word
motocyclette (*f.*) motor-bike
mouchoir (*m.*) handkerchief
mourir to die
moutarde (*f.*) mustard
mur (*m.*) wall
musicien (*m.*) musician
musique (*f.*) music

N

nager to swim
naître to be born
nationalité (*f.*) nationality
naturel(le) natural
naturellement naturally
nécessaire necessary
nettoyer to clean

nez (*m.*) nose
nom (*m.*) surname
nom de jeune fille (*m.*) maiden name
non no
nord-américain(e) North American
note (*f.*) grade, bill
nouveau, nouvel, nouvelle new
novembre (*m.*) November
noyau (*m.*) nut
nuit (*f.*) night
numéro (*m.*) number
numéro de la carte d'identité (*m.*) I.D. number
numéro de sécurité sociale (*m.*) social security number
numéro du permis de conduire (*m.*) driver's license number

O

obéir à to obey
objectif(ve) objective
objectivement objectively
obtenir to obtain
occupation (*f.*) occupation
octobre (*m.*) October
œil (*m.*) eye (*pl.* **les yeux**)
offrir to offer
omelette (*f.*) omelet
optimisme (*m.*) optimism
orange (*f.*) orange
oreille (*f.*) ear
oui yes
ouvrier (*m.*) worker
ouvrière (*f.*) worker
ouvrir to open

P

pain (*m.*) bread
panier (*m.*) basket
panser to bandage
pantalon (*m.*) pants, trousers
papier (*m.*) paper
paquet (*m.*) package
paraître to appear, seem
parc (*m.*) park
parce que because
parent (*m.*) relative
parents (*m. pl.*) parents

parisien(ne)   Parisian
parler à   to speak to
parler de   to talk about
partager   to share
participer   to participate
partie (*f.*)   part
partir   to go away, to leave
partitif (*m.*)   partitive
partout   everywhere
pas du tout   not at all
passant (*m.*)   passerby
passeport (*m.*)   passport
passer   to pass, to spend (time)
patiemment   patiently
patient(e)   patient
patron (*m.*)   boss
patronne (*f.*)   boss
payer   to pay
se peigner   to comb one's hair
peindre   to paint
peine (*f.*)   trouble, bother
pendant que   while
penser   to think
percevoir   to perceive
perdre   to lose
père (*m.*)   father
perfectionnement (*m.*)   improving, perfecting
permettre   to permit
personne (*f.*)   person
peser   to weigh
petit(e)   little, small
petit ami (*m.*)   boyfriend
petite amie (*f.*)   girlfriend
petit déjeuner (*m.*)   breakfast
petit pain (*m.*)   roll (bread)
peu   little
un peu de   a little of, few
peut-être que   perhaps
photo (*f.*)   photograph
pianiste (*m.*)   pianist
piano (*m.*)   piano
pied (*m.*)   foot
pilote (*m.*)   pilot
pique-nique (*m.*)   picnic
place (*f.*)   seat, place
(se) plaindre   to complain
(se) plaire   to like, to like one another
plaisanter   to joke
plaisanterie (*f.*)   joke

plaisir (*m.*)   pleasure
plat du jour (*m.*)   today's special (menu)
pleurer   to cry
pliant(e)   folding
pluie (*f.*)   rain
(la) plupart des (*f.*)   most
plus de   more
plusieurs   several
pneu (*m.*)   tire
poème (*m.*)   poem
poitrine (*f.*)   chest
poli(e)   polite
poliment   politely
politique (*f.*)   politics
pomme (*f.*)   apple
porte (*f.*)   door
portrait (*m.*)   portrait, picture
poser   to ask, to put
posséder   to possess
possible   possible
pour   in order to
pour que   in order that, so that
pourquoi   why
pouvoir   to be able, can
pourvu que   provided that
précis(e)   precise
précisément   precisely
prédire   to foretell
préférence (*f.*)   preference
préférer   to prefer
premier(ère)   first
prendre   to take
prénom (*m.*)   first name
préparation (*f.*)   preparation
préparer   to prepare
près de   near
présentation (*f.*)   presentation, introduction
présenter   to introduce, to present
président (*m.*)   president
presque   almost
prêt(e)   ready
prévoir   to foresee
printemps (*m.*)   spring
prix (*m.*)   price, prize
problème (*m.*)   problem
produire   to produce
professeur (*m.*)   professor
profession (*f.*)   profession

profond(e) deep
profondément deeply, profoundly
projet (*m.*) project
promener to take for a walk
promettre to promise
proposer to propose
protéger to protect
psychologie (*f.*) psychology
puisque since
puissamment powerfully
puissant(e) powerful
pull (*m.*) sweater
pullover (*m.*) sweater

Q

quand when
quelque fois sometimes
quelque part somewhere
quelqu'un someone
question (*f.*) question
questionnaire (*m.*) questionnaire
quitter to leave
quoique although

R

raconter to tell
radio (*f.*) radio
raisonnable reasonable
se rappeler to remember
rare rare
rarement rarely
se raser to shave
réaction (*f.*) reaction
recevoir to receive
recommander to recommend
reconnaître to recognize
réfléchir à to think about
refuser to refuse
regarder to look at
règle (*f.*) rule
regretter to be sorry
remercier to thank
remplacer to replace
recontrer to meet (*by accident*)
rendre to give back, to return
rendre visite à to visit someone
renouveler to renew
rentrer to come back

réparation (*f.*) repair
réparer to repair
répéter to repeat
répondre to answer
réponse (*f.*) answer
responsabilité (*f.*) responsability
responsable (*m.* and *f.*) the responsible person
restaurant (*m.*) restaurant
rester to stay
restreindre to restrain
retourner to return
se retrouver to meet (*on purpose*)
réunion (*f.*) meeting
réussir à to succeed in
se réveiller to wake up
revenir to come back
rêver to dream
rêver de to dream about
revoir to see again
riche rich
rire to laugh
robe (*f.*) dress
roi (*m.*) king
roman (*m.*) novel
rose pink
rouge red
rougir to blush
rouler à bicyclette to ride a bike
route (*f.*) road, route
rue (*f.*) street
russe (*m.*) Russian

S

sacrifice (*f.*) sacrifice
salade (*f.*) salad
sale dirty
samedi Saturday
sandwich (*m.*) sandwich
sans without
sans cesse without stopping, continually
sans que without
santé (*f.*) health
saucisson (salami) sausage
savoir to know, to know how
se sécher to dry
secrétaire (*m.* and *f.*) secretary
sécurité (*f.*) security

semaine (f.) week
sensible sensitive
sentir to feel, to smell
séparé(e) separated
septembre (m.) September
sérieusement seriously
sérieux(se) serious
serviette (f.) napkin
servir to serve
seul(e) only
seulement only
sévère severe
sexe (m.) sex
short (m.) shorts
si so, if
s'il vous plaît please
sincère sincere
sincèrement sincerely
situation (f.) situation
situation de famille (f.) marital status
sociologie (f.) sociology
sœur (f.) sister
soir (m.) evening
soleil (m.) sun
solution (f.) solution
sonner to ring
sortir to go out, to leave
soufflé (m.) soufflé
souffrir to suffer
soulier (m.) shoe
sourcil (m.) eyebrow
sourire to smile
souvent often
se spécialiser to specialize in, to major in
spécialiste (m. and f.) specialist
sport (m.) sport
sportif(ve) athletic
standardiste (m. and f.) telephone operator
stylo (m.) pen
subjectif(ve) subjective
subjectivement subjectively
suggérer to suggest
suivre to follow
superficiellement superficially, on the surface
supermarché (m.) supermarket
sur on
surprendre to surprise

syndicat (m.) union
système system

T

table (f.) table
taille (f.) waist
se taire to keep quiet
tandis que whereas
taper to type, to hit
tard late
taxi (m.) taxi
télégramme (m.) telegram
téléphone (m.) telephone
télévision (f.) television
temps (m.) time, weather
tenir to hold, to have
tennis (m.) tennis
terminer to end
tête (f.) head
thé (m.) tea
théâtre (m.) theater
tomber to fall
tomber en panne to break down
tôt early
toujours always
tout à l'heure just now, soon
traduire to translate
train (m.) train
tranquille calm
transatlantique transatlantic
transporter to transport
travail (m.) work
travailler to work
très very
tricot (m.) sweater
trop too
trop de too much, too many
trouver to find

U

uniforme (m.) uniform
université (f.) university
utile useful
utiliser to use

V

vacances (les) (f. pl.) vacation
valeur to be worth

valise (*f.*) suitcase
vase (*m.*) vase
vendre to sell
vendredi (*m.*) Friday
venir to come
vent (*m.*) wind
ventre (*m.*) stomach
verbe (*m.*) verb
vérité (*f.*) truth
verre (*m.*) glass
verser to deposit (money)
vert(e) green
vêtement (*m.*) clothing
se vêtir to dress
veuf (*m.*) widower
veuve (*f.*) widow
viande (*f.*) meat
vide empty
vie (*f.*) life
vieux, vieil, vieille old
ville (*f.*) city
vin (*m.*) wine
violet(te) violet, mauve, purple

visage (*m.*) face
visite (*f.*) visit
vite fast, quickly
vivre to live
vocabulaire (*m.*) vocabulary
voici here is, here are
voilá there is, there are
voir to see
voisin(e) (*m. and f.*) neighbor
voiture (*f.*) car
voiture de sport (*f.*) sports car
volontaire (*m.*) volunteer
vouloir to wish, to want
voyage (*m.*) trip
voyager to travel
voyageur (*m.*) traveler
vrai(e) true
vraiment truly

Y

yeux (les) (*m. pl.*) eyes (*sing.* (**un œil** eye)

English–French

A

a lot of beaucoup de
absent absent(e)
accept accepter
accident accident (*m.*)
accompany accompagner
account compte (*m.*)
across from en face de
act agir
actor acteur (*m.*), comédien (*m.*)
actress actrice (*f.*), comédienne (*f.*)
address adresse (*f.*)
administrator administrateur (*m.*)
admit admettre
adore adorer
advance avancer
after après
after après que
age âge (*m.*)
agreeable agréable
airplane avion (*m.*)
almost presque
already déjà
also aussi
alter changer
although bien que
although quoique
always toujours
American américain(e)
and et
animal animal (*m.*)
answer répondre
answer réponse (*f.*)
appear apparaître, paraître, avoir l'air de
apple pomme (*f.*)
appreciate apprécier
April avril (*f.*)
arm bras (*m.*)
arrival arrivée (*f.*)
arrive arriver
as soon as aussitôt que
as soon as dès que
ask demander, poser
aspirin aspirine (*f.*)
assured assuré(e)
assuredly assurément
at à, chez
at length longuement
athletic sportif(ve)
attain atteindre
attention attention
attentive attentif(ve)
attentively attentivement
August août (*m.*)
author auteur (*m.*)
autumn automne (*m.*)

B

baby bébé (*m.*)
bad mauvais(e)
baker boulanger (*m.*), boulangère (*f.*)
ball ballon (*m.*)
bandage panser
bank banque (*f.*)
banker banquier (*m.*)
basket panier (*m.*)
battery batterie (*f.*)
be être
be able, can pouvoir
be afraid avoir peur de
be ashamed of avoir honte de
be astonished s'étonner
be born naître
be cold avoir froid
be happy être content de
be hungry avoir faim
be necessary falloir
be present at assister à
be right avoir raison
be sleepy avoir sommeil
be sorry regretter
be thirsty avoir soif
be warm avoir chaud

be wrong avoir tort
be . . . years old avoir . . . ans
beautiful beau, bel, belle
because parce que
become devenir
bedroom chambre (*f.*)
beer bière (*f.*)
before avant de, avant que
begin commencer
beginning début (*m.*), commencement (*m.*)
behind derrière
beige beige
believe croire
belong appartenir
beside à côté de
better meilleur(e) (*adjective*), mieux (*adverb*)
bicycle bicyclette (*f.*)
big grand(e), gros(se)
bill addition (*f.*), note (*f.*)
birth date date de naissance (*f.*)
blouse chemisier (*m.*)
blue bleu(e)
blush rougir
body corps (*m.*)
book livre (*m.*)
born naître
borrow emprunter
boss patron (*m.*), patronne (*f.*), chef (*m.*)
bottle bouteille (*f.*)
box boîte (*f.*)
boy garçon (*m.*)
boy friend petit ami (*m.*)
brake frein (*m.*)
bread pain (*m.*)
break down tomber en panne
breakfast petit déjeuner (*m.*)
brief bref(ve)
briefly brièvement
bring down descendre
bring up élever
brother frère (*m.*)
brush se brosser
build construire
bus autobus (*m.*)
butcher boucher (*m.*)
buy acheter

C

call appeler
calm tranquille
can pouvoir
Canada Canada (*m.*)
Canadian canadien(ne)
candidate candidat (*m.*)
capitalism capitalisme (*m.*)
car voiture (*f.*)
carburetor carburateur (*m.*)
cash register caisse (*f.*)
cease cesser
chair chaise (*f.*)
champagne champagne (*m.*)
change changer de
charming charmant(e)
check chèque (*m.*)
checkbook chéquier (*m.*)
cheek joue (*f.*)
cheese fromage (*m.*)
cherry cerise (*f.*)
chest poitrine (*f.*)
child enfant (*m. and f.*)
chin menton (*m.*)
choose choisir
cider cidre (*m.*)
city ville (*f.*)
clean nettoyer
clear clair(e)
client client (*m.*)
climb monter
clothing vêtement (*m.*)
coat manteau (*m.*)
coffee café (*m.*)
coke coca-cola (*m.*), coca (*m.*)
colleague collègue (*m. and f.*)
color couleur (*f.*)
comb one's hair se peigner
come venir
come back rentrer, revenir
come down descendre
come in entrer
comedy comédie (*f.*)
commerce commerce (*m.*)
commit commettre
companion camarade (*m. and f.*)
complain se plaindre
conceive concevoir

concentration   attention (f.)
concert   concert (m.)
confused   confus(e)
confusedly   confusément
consider   considérer
constant   constant(e)
constantly   constamment
constrain   contraindre
construct   construire
consult   consulter
continually   sans cesse
contradict   contredire
cook   cuire
cook   cuisinier (m.), cuisinière (f.)
cooking   cuisine (f.)
correct   correct(e)
cost   coûter
count   compter
courage   courage (m.)
course   cours (m.)
cousin   cousin (m.), cousine (f.)
cover   couvrir
crazy   fou, fol, folle
crisp   frais, fraîche
critic   critique (m.)
crown   couronner
cruel   cruel(le)
cry   pleurer
cure   guérir
custom's officer   douanier (m.), douanière (f.)
cut   couper

D

dance   danse (f.)
dance   danser
daughter   fille (f.)
day   jour (m.)
deceive   décevoir
December   décembre (m.)
decision   décision (f.)
deep   profond(e)
deeply   profondément
defend   défendre
dentist   dentiste (m. and f.)
departure   départ (m.)
deposit (money)   verser
descend   descendre
describe   décrire

desire   désirer
destroy   détruire
die   mourir
difficult   difficile
difficulty   difficulté
dine   dîner
dinner   dîner (m.)
disappoint   décevoir
discover   découvrir
discuss   discuter
distribute   distribuer
disturb   inquiéter
divorce   divorcer
divorced   divorcé(e)
do   faire
doctor   médecin (m.)
dog   chien (m.)
door   porte (f.)
dossier   dossier (m.)
doubt   douter
dozen   douzaine (f.)
dream   rêver
dream about   rêver de
dress   robe (f.)
dress   s'habiller
drink   boire
drive   conduire
driver's license number   numéro du permis de conduire (m.)
dry   essuyer
dry onself   s'essuyer, se sécher
duty   devoir (m.)

E

each   chaque
ear   oreille (f.)
early   tôt, en avance
easily   facilement
easy   facile
eat   manger
eat lunch   déjeuner
elbow   coude (m.)
election   élection f.)
elegant   élégant
elegantly   élégamment
embrace   s'embrasser
employ   employer
empty   vide
end   terminer

English anglais (*m.*)
enormous énorme
enormously énormément
enough of assez de
enroll inscrire
evening soir (*m.*)
examine examiner
expensive cher, chère
explain expliquer
explanation explication (*f.*)
extraordinary extraordinaire
eye œil (*m.*); *pl.:* les yeux
eyebrow sourcil (*m.*)
eyelash cil (*m.*)

F

face visage (*m.*)
factory usine (*f.*)
fall tomber
fall asleep s'endormir
famous célèbre
far from loin de
fast vite
fat gros(se)
father père (*m.*)
fear craindre
February février (*m.*)
feel sentir
feminine féminin(e)
few un peu de
file dossier (*m.*)
film film (*m.*)
finally enfin
find trouver
finger doigt (*m.*)
finish finir
first premier(ère)
first name prénom (*m.*)
flower fleur (*f.*)
folding pliant(e)
follow suivre
foolishness bêtise (*f.*)
foot pied (*m.*)
force contraindre
forehead front (*m.*)
foresee prévoir
foretell prédire
fork fourchette (*f.*)
fortunately heureusement

franc (unit of money) franc (*m.*)
free gratuite, libre
freeze geler
French français(e)
fresh frais, fraîche
Friday vendredi (*m.*)
friend ami(e) (*m. and f.*), camarade (*m. and f.*)
function fonction (*f.*)
function fonctionner
funny drôle
furthermore de plus

G

gain weight grossir
garage garage (*m.*)
gasoline essence (*f.*)
gather cueillir
gay gai(e)
general général (*m.*)
gently doucement, gentiment
German allemand (*m.*)
get up se lever
gift cadeau (*m.*)
girl fille (*f.*)
girl friend petite amie (*f.*)
give donner
give back rendre
glass verre (*m.*)
glove gant (*m.*)
go aller
go away s'en aller
go down descendre
go out sortir
go to bed se coucher
go up monter
golf golf (*m.*)
good bon(ne)
good-bye au revoir
good day bonjour
good evening bonsoir
grade note (*f.*)
gram gramme (*m.*)
grow fat grossir
grow tall grandir
grow up grandir
guide guide (*m.*)
guidebook guide (*m.*)

H

hair cheveu (m.) (used most frequently in the plural: les cheveux)
hand main (f.)
handkerchief mouchoir (m.)
handsome beau, bel, belle
happen se passer
happily heureusement
happy heureux(se)
happy to make your acquaintance enchanté(e)
hat chapeau (m.)
hate détester
have avoir
have fun s'amuser
have a good time s'amuser
head tête (f.)
health santé (f.)
hear entendre
hello (good day) bonjour
hello (good evening) bonsoir
help aider
here ici
here is, here are voici
hesitate hésiter
hide cacher
high haute
hit taper
hold tenir
homework devoirs (les) (m. pl.)
hope espérer
horrible horrible
hospital hôpital (m.)
hotel hôtel (m.)
hour heure (f.)
house maison (f.)
how? comment?
how are you? comment allez-vous?
how many times? combien de fois?
how much of, how many of? combien de?
how much time? combien de temps?
huge énorme
hundred grams of . . . cent grammes de . . .
hurry se dépêcher
hurt (somewhere) avoir mal à . . .
husband mari (m.)
hypothesis hypothèse (f.)

I

I.D. number numéro de la carte d'identité (m.)
idea idée (f.)
if si
impatient impatient(e)
impatiently impatiemment
improving perfectionnement (m.)
in, into dans
innocent innocent(e)
innocently innocemment
in order that, so that afin que
in order that pour que, afin que
in order to afin de, pour
intelligent intelligent(e)
intelligently intelligemment
interrupt interrompre
introduce présenter
invite inviter
it is necessary il faut que, il est nécessaire
it is time il est temps
it is true il est vrai
it isn't worth il / elle ne vaut pas
it seems il semble
it seems to me il me semble

J

January janvier (m.)
jazz jazz (m.)
join joindre
joke plaisanter
joke plaisanterie (f.)
July juillet (m.)
June juin (m.)
just now tout à l'heure

K

keep garder
key clé (f.)
kilogram kilo (m.)
a kilo of . . . un kilo de . . .
king roi (m.)
kitchen cuisine (f.)
knee genou (m.)
know, be acquainted with connaître
know (how) savoir

L

lady dame (*f.*)
last dernier(ère)
last durer
late tard, en retard
laugh rire
lawyer avocat (*m.*), avocate (*f.*)
lead mener
learn apprendre
leave quitter
leave, go away partir
leave, go out sortir
leave, let laisser
lecture conférence (*f.*)
lecturer conférencier(ère) (*m. and f.*)
leg jambe (*f.*)
lesson leçon (*f.*)
let, leave laisser
letter lettre (*f.*)
library bibliothèque (*m.*)
lie mentir
life vie (*f.*)
light lumière (*f.*)
like aimer, se plaire
list liste (*f.*)
listen to écouter
little petit(e) (*adjective*)
little peu (*adverb*)
a little of, few un peu de
live habiter, vivre
lobster homard (*m.*)
long long(ue)
look at regarder
look for chercher
lose perdre
love adorer

M

magazine magazine (*m.*)
maiden name nom de jeune fille (*m.*)
mail courrier (*m.*)
mail expédier
mailman facteur (*m.*)
make faire
man homme (*m.*)
manager directeur (*m.*), directrice (*f.*)
March mars (*m.*)
marital status situation de famille (*f.*)
married marié(e)
masculine masculin(e)
master maître (*m.*)
math mathématiques (*f.*)
May mai (*m.*)
meat viande (*f.*)
mechanic mécanicien (*m.*)
medicine médicament (*m.*)
meet (by accident) rencontrer
meet (on purpose) se retrouver
meeting réunion (*f.*)
message message (*m.*)
minute minute (*f.*)
Miss, Ms., young lady mademoiselle
miss manquer
Mister, sir monsieur (*m.*)
Monday lundi (*m.*)
money argent (*m.*)
month mois (*m.*)
more plus de
morning matin (*m.*), matinée (*f.*)
most la plupart des (*f.*)
mother mère (*f.*)
motor-bike motocyclette (*f.*)
mouth bouche (*f.*)
movie cinéma (*m.*)
Mrs., madam madame
mushroom champignon (*m.*)
music musique (*f.*)
musician musicien (*m.*)
must il faut que
mustard moutarde (*f.*)

N

name, first prénom (*m.*)
name, last nom (*m.*)
napkin serviette (*f.*)
narrow étroit(e)
nationality nationalité (*f.*)
natural naturel(le)
naturally naturellement
near près de
necessary nécessaire
neck cou (*m.*)
necktie cravate (*f.*)
need avoir besoin de
neighbor voisin(e) (*m. and f.*)
new nouveau, nouvel, nouvelle
news informations (les) (*f.*)
newspaper journal (*m.*)
nice gentil(le)

night nuit (*f.*)
no non
North American nord-américain(e)
nose nez (*m.*)
not at all pas du tout
notebook cahier (*m.*)
notice apercevoir
novel roman (*m.*)
November novembre (*m.*)
now maintenant
number numéro (*m.*)
nut noyau (*m.*)

O

obey obéir à
objective objectif(ve)
objectively objectivement
to obtain obtenir
occupation occupation (*f.*)
October octobre (*m.*)
of de
offer offrir
office bureau (*m.*)
often souvent
old vieux, vieil, vieille
omelet omelette (*f.*)
on sur
on account of à cause de
on time à l'heure
only seul(e)
only seulement
open ouvrir
operator (telephone) standardiste (*m. and f.*)
opposite en face de
optimism optimisme (*m.*)
orange orange (*f.*)
order commander
other autre
owe devoir

P

package paquet (*m.*), colis (*m.*)
paint peindre
pamper choyer
pants pantalon (*m.*)
paper papier (*m.*)
parents parents (les) (*m. pl.*) (*used only in plural*)

Parisian parisien(ne)
park garer
park parc *m.*)
part partie (*f.*)
participate participer
partitive partitif (*m.*)
pass passer
passer-by passant (*m.*)
passport passeport (*m.*)
patient malade (*m. and f.*)
patient patient(e)
patiently patiemment
pay payer
pen stylo (*m.*)
pencil crayon (*m.*)
people gens (les) (*m. or f. pl.*)
perceive apercevoir, percevoir
perhaps peut-être (que)
permit permettre
person personne (*f.*)
photograph photo (*f.*)
pianist pianiste (*m.*)
piano piano (*m.*)
pick cueillir
picnic pique-nique (*m.*)
picture portrait (*m.*)
pilot pilote (*m.*)
pink rose
place endroit (*m.*)
place of birth lieu de naissance (*m.*)
play jouer
pleasant agréable
please s'il vous plaît
pleasure plaisir (*m.*)
poem poème (*m.*)
polite poli(e)
politely poliment, gentiment
politics politique (*f.*)
poorly mal
portrait portrait (*m.*)
possess posséder
possible possible
pound livre (*f.*)
a pound of... une livre de... (*f.*)
powerful puissant(e)
powerfully puissamment
precise précis(e)
precisely précisément
prefer aimer mieux, préférer
preference préférence (*f.*)
preparation préparation (*f.*)

prepare préparer
present présent (*m.*)
present présenter
presentation présentation *f.*)
president président (*m.*)
pretty joli(e)
price prix (*m.*)
prize prix (*m.*)
problem problème (*m.*)
produce produire
profession profession (*f.*)
professor professeur (*m.*)
profound profond(e)
profoundly profondément
project projet (*m.*)
promise promettre
propose proposer
protect protéger
provided that pourvu que
psychology psychologie (*f.*)
purple violet(te)
put, place mettre, poser
put on make-up se maquiller
put on one's shoes se chausser
put out éteindre
put up monter

Q

question question (*f.*)
questionnaire questionnaire (*m.*)
quit démissionner

R

radio radio (*f.*)
rain pluie (*f.*)
raise lever
rare rare
rarely rarement
reach atteindre, joindre
reaction réaction (*f.*)
read lire
reading lecture (*f.*)
ready prêt(e)
reasonable raisonnable
receive recevoir
recognize reconnaître
recommend recommander
record disque (*m.*)
red rouge

refuse refuser
register inscrire
relative parent (*m.*)
remember se rappeler
renew renouveler
repair réparation (*f.*)
repair réparer
repeat répéter
replace remplacer
request demande (*f.*)
residence domicile (*m.*)
responsibility responsabilité (*f.*)
restaurant restaurant (*m.*)
return (home) rentrer
return retourner, revenir
rich riche
ride a bike rouler à bicyclette
right correct(e)
road route (*f.*)
roll (bread) petit pain (*m.*)
route route (*f.*)
rule règle (*f.*)
run courir
Russian russe (*m.*)

S

sacrifice sacrifice (*f.*)
salad salade (*f.*)
same même
sandwich sandwich (*m.*)
Saturday samedi (*m.*)
saucepan casserole (*f.*)
sausage (salami) saucisson (*m.*)
savings économies (les) (*f.*)
say dire
scold gronder
sea mer (*f.*)
seat place (*f.*)
secretary secrétaire *m. and f.*)
security sécurité (*f.*)
see voir
see you later à plus tard
see you soon à bientôt
see you tomorrow à demain
seem paraître
sell vendre
send envoyer
sensitive sensible
separated séparé(e)
September septembre (*m.*)

serious   sérieux(se)
seriously   sérieusement
serve   servir
service station owner   garagiste (*m.*)
set the table   mettre le couvert
several   plusieurs
severe   sévère
sex   sexe (*m.*)
shake one's head   hocher la tête
share   partager
shave   se raser
shirt   chemise (*f.*)
shiver   frémir
shoe   chaussure (*f.*), soulier (*m.*)
short   court(e)
shorts   short (*m.*)
shoulder   épaule (*f.*)
show   montrer
sick person   malade (*m. and f.*)
since   puisque
sincere   sincère
sincerely   sincèrement
sing   chanter
sing off key   chanter faux
sir   monsieur
sister   sœur (*f.*)
sit   s'asseoir
sit down   asseyez-vous
situation   situation (*f.*)
skirt   jupe (*f.*)
sky   ciel (*m.*)
sleep   dormir
slow   lent(e)
slowly   lentement
small   petit(e)
smell   sentir
smile   sourir
so   si
so that   pour que
social security number   numéro de sécurité sociale (*m.*)
sociology   sociologie (*f.*)
sock   chaussette (*f.*)
solution   solution (*f.*)
someone   quelqu'un
son   fils (*m.*)
song   chanson (*f.*)
soon   tout à l'heure
soufflé   soufflé (*m.*)
speak to   parler à

specialist   spécialiste (*m. and f.*)
specialize in   se spécialiser
speech   discours (*m.*)
spell   épeler
spend   dépenser
spend (time)   passer
sport   sport (*m.*)
sports car   voiture de sport (*f.*)
spouse   époux (*m.*), épouse (*f.*)
spring   printemps (*m.*)
stairway   escalier (*m.*)
state   état (*m.*)
station   gare (*f.*)
stay   rester
steak   biftek (*m.*)
step on someone's feet   marcher sur les pieds de quelqu'un
stomach   ventre (*m.*)
stop   cesser
store   magasin (*m.*)
story   histoire (*f.*)
street   rue (*f.*)
strength   force (*f.*)
student   étudiant(e) (*m. and f.*)
study   étudier
stupid   bête
subjective   subjectif(ve)
subjectively   subjectivement
succeed in   réussir à
suffer   souffrir
suggest   suggérer
suitcase   valise (*f.*)
summer   été (*m.*)
sun   soleil (*m.*)
Sunday   dimanche (*m.*)
superficially   superficiellement
supermarket   supermarché (*m.*)
surname   nom (*m.*)
surprise   surprendre
sweater   tricot (*m.*), pull (*m.*), pullover (*m.*)
sweet   doux(ce)
sweetly   doucement
swim   nager
system   système (*m.*)

T

table   table (*f.*)
take   prendre

take down descendre
take (someone) amener, emmener
take up monter
take for a walk promener
talk about parler de
talkative bavard(e)
tall grand(e)
taxi taxi (*m.*)
tea thé (*m.*)
telegram télégramme (*m.*)
telephone téléphone (*m.*)
telephone téléphoner
telephone call coup de téléphone (*m.*)
television télévision (*f.*)
tell raconter
tennis tennis (*m.*)
test examen (*m.*)
thank remercier
thank you (very much) merci (beaucoup)
thanks to grace à
that's a shame, that's too bad c'est dommage
theater théâtre (*m.*)
there is, there are il y a, voilà
there isn't, there aren't il n'y a pas de
thing chose (*f.*)
think penser
think about réfléchir à
throat gorge (*f.*)
throw jeter, lancer
Thursday jeudi (*m.*)
ticket billet (*m.*)
tie cravate (*f.*)
tie ficeler
time heure (*f.*), fois (*f.*), temps (*m.*)
tire pneu (*m.*)
tired fatigué(e)
today aujourd'hui
today's special (*menu*) plat du jour (*m.*)
tomorrow demain
too trop, aussi
too much, too many trop de
tooth dent (*f.*)
train train (*m.*)
transatlantic transatlantique
translate traduire
transport transporter

travel voyager
travel agency agence de voyages (*f.*)
travel agent agent de voyages (*m.*)
traveler voyageur (*m.*)
traveler's check chèque de voyage (*m.*)
trip voyage (*m.*)
trouble peine (*f.*)
trousers pantalon (*m.*)
true vrai(e)
truly vraiment
truth vérité (*f.*)
try essayer
Tuesday mardi (*m.*)
type taper

U

understand comprendre
undress se déshabiller
unhappy malheureux(se)
uniform uniforme (*m.*)
union syndicat (*m.*)
university université (*f.*)
unless à moins que
until jusqu'a ce que
use utiliser
useful utile

V

vacation les vacances (*f.*)
vase vase (*m.*)
verbe verbe (*m.*)
visit visite (*f.*)
visit someone rendre visite à
volunteer volontaire (*m.*)

W

waist taille (*f.*)
wait for attendre
wake up se réveiller
walk marcher
wall mur (*m.*)
want avoir envie de, désirer, vouloir
warm chaud(e)
wash se laver
wash one's hair se laver les cheveux
watch montre (*f.*)

water   eau (*f.*)
weather   temps (*m.*)
Wednesday   mercredi (*m.*)
week   semaine (*f.*)
weigh   peser
welcome   accueillir
well   bien
when   quand
whereas   tandis que
while   pendant que
white   blanc(he)
who?   qui?
why   pourquoi
widow   veuve (*f.*)
widower   veuf (*m.*)
win   gagner
wind   vent (*m.*)
window   fenêtre (*f.*)
wine   vin (*m.*)
winter   hiver (*m.*)
wipe   essuyer

wish, want   vouloir
without   à moins de
without   sans, sans que
without stopping   sans cesse
woman   femme (*f.*)
work   travail (*m.*)
work   travailler
worker   ouvrier(ère) (*m. and f.*)
world   monde (*m.*)
wound   blesser
wounded person   blessé(e) (*m. and f.*)
write   écrire
write in   inscrire

Y

year   an (*m.*)
yes   oui
yesterday   hier
young   jeune

Index

à: with the article, 33; with the infinitive, 179
à moins que, 178
accueillir, 25
adjective: agreement, 22; comparative, 61; demonstrative, 94; feminine, 22; indefinite, 116; interrogative, 38; position, 24; plural, 22; possessive, 31; superlative, 62
adverb: comparison, 78; ending in -ment, 77; formation, 77; of place, 78; position, 78; of quantity, 51
afin de, afin que, 178–9
agreement: adjective, 22; past participle, 125
aimer mieux, 170
aller, 34; with infinitive, 63
après que, 178
article: definite, 20; indefinite, 24; partitive, 49; with parts of body, 106
aucun . . . ne, 118
auquel: interrogative, 160; relative, 152
aussi . . . que, 61
aussitôt que, 140
auxiliary verbs: avoir, 42; être, 30
avant: avant de, 179; avant que, 178
avoir: agreement of past participle with, 125; avoir mal, 107; expressions with, 42

beau, 23
beaucoup (de), 50
bien: comparison of, 78
body: article instead of possessive pronoun, 107; parts of, 106; with reflexive verbs, 105

boire, 48
bon: comparative of, 62; superlative of, 62

ce, 94
ce qui, ce que, 143
celle, celui, 104
chacun, 117
cognates, 16
combien de fois / combien de temps, 41
commands, 68
comparison of adjectives: regular, 61; irregular, 62
comparison of adverbs, 78
conditional: present, 140; past, 163; sentences, 164
conduire, 95
conjunctions: followed by indicative, 178; followed by subjunctive, 178
connaître, 76
contractions: with à, 33; with de, 32
craindre, 154
croire, 108

days of the week, 5
de: with expressions of quantity, 5; partitive, 49; with the infinitive, 179; with the negative, 14, 50
demonstrative: adjectives, 94; pronouns, 104
depuis: with the imperfect, 132; with the present, 86; vs. pendant, 87
depuis combien de temps / depuis quand, 86
depuis que / pendant que, 134
dès que, 140
devoir, 132, 185
dire, 82
dont, 153

douter, 171
du, de la, de l': *see* partitive article
de, des: *see* contractions
duquel: interrogative, 160; relative, 152
durer / passer, 41

écrire, 82
en: adverbial pronoun, 91; with the present participle, 184
envoyer, 181
est-ce que, 12
être, 30
eux, elles: *see* personal pronouns

faire, 60; with infinitive, 61; uses of, 60
falloir, 141
farewells, 3
faut, 141; il faut with infinitive, 141; il faut que with subjunctive, 170
feminine: of adjectives, 22; of nouns, 14
future: after quand, 140; future perfect, 162; irregular future stems, 139; near future, 63; simple future, 138

gender: of adjectives, 22; of nouns, 14
grâce à, 75
greetings, 3
guère: ne . . . guère, 118

if: *see* the conditional and si
il est / c'est, 181
il faut, 141; il faut que with subjunctive, 170
il y a, il n'y a pas de, 69
imparfait / passé composé, 133

257

258   Index

imperfect: conjugation, 127; of description, 127, 133; of habit, 127, 133; *vs.* the passé composé, 134
imperative: conjugation, 68; negative, 68; position of personal pronouns, 94
impersonal verbs: with the indicative, 171; with the subjunctive, 170
indefinite: article, 24; adjective, 116; pronoun, 116
indicative: future, 138; future perfect, 162; imperfect, 127; passé antérieur, 187; passé composé, 109; passé simple, 187; pluperfect, 156; present, 10, 46, 47
infinitive: with **à** or **de**, 179; without a preposition, 179; past, 180
interrogative: adjective, 38; pronoun, 160; sentences, 12, 74
inversion of the subject, 74

jamais: ne . . . jamais, 118
jusqu'à ce que, 178

le, la, les: *see* definite article
le plus, le moins: *see* superlative
le mien, la mienne: see possessive pronoun
lequel: interrogative, 160; relative, 152
leur: personal pronoun, 83; possessive adjective, 31
lire, 82
lorsque, 140
lui, leur, 83

mal: avoir mal, 107
me, 75, 83
meilleur, 62
mettre, 64
mieux, 78
moi, 55, 94
moins / plus, 61
mon, ma: *see* possessive adjectives
months of the year, 6
must: *see* **devoir, il faut**

near future, 63
negative: **ne . . . pas**, 13; other expressions, 118
ne . . . que / seulement, 119
n'est-ce pas, 12
notre: *see* possessive adjective

nouns: feminine, masculine, 14; plural, 21; of quantity, 51
nouveau, 23
nulle part, 118
numbers: cardinal, 6, 15; ordinal, 85

object: *see* personal pronouns
obligation: *see* **devoir, il faut**
offrir, 25
on, 10; to avoid the passive, 186
orthographic-changing verbs, 92
où: for **dans lequel**, 152
ouvrir, 25

parce que / à cause de, 75
participle: agreement of past, 125; past, 109, 126; present, 184
partir, 47
partitive: **de**, 49
parts of the body: *see* body; with the article or the possessive, 107
passé antérieur, 187
passé composé, 109–11, 124; *vs.* imparfait, 133
passé simple, 187
passer / durer, 41
passive, 186; replaced by **on**, 186; replaced by reflexive verb, 186
past: imperfect, 127; passé antérieur, 187; passé composé, 109, 124; passé simple, 187; pluperfect, 156; subjunctive, 172
peindre, 154
pendant que / depuis que, 134
penser à, 11
personal data, 2
personne: ne . . . personne, 118
pire, 62
plaire: se plaire, 120
plein de, 50
pluperfect (plus-que parfait), 156
plural: adjectives, 22; nouns, 21
plus / moins, 61
possession: with **de**, 32
possessive: adjective, 31; pronoun, 69
pouvoir, 49
prendre, 64
prepositions: **à** or **de** with the infinitive, 179

present: after **depuis**, 86; conditional, 140; indicative: **-er**, 10; **-ir**, 46; **-re**, 46; like **partir**, 47; participle, 184; subjunctive, 168
professions: **être** followed by a profession, 30
pronoun: demonstrative, 104; direct object, 75, 124; direct and indirect object pronouns together, 84, 124; disjunctive, 155; **en**, 91, 124; with the imperative, 94; indefinite, 116; indirect object, 83, 124; interrogative, 160

quand: with the future, 140
quantity: expressions of, 50
que: for *than* in comparisons, 61; interrogative, 160; relative, 143
quel: interrogative, 38
quelque chose, 117
quelques, 117
quelqu'un, 117
quelques-uns, quelques-unes, 117
qu'est-ce que, 160
qu'est-ce qui, 160
qui: interrogative, 160; relative, 143
qui est-ce qui, 160
quoi: interrogative, 160; relative, 143
quoique, 178

recent past, 71
recevoir, 132
reciprocal and reflexive verbs, 116
reflexive verbs: agreement of past participle, 112; conjugation, 105; position of pronoun with, 102
relative: *see* pronoun
rien, ne . . . rien, 118
rire, 173

sans que, 178
s'asseoir, 120
savoir, 76
savoir with infinitive, 77
se: *see* personal pronouns and reflexive verbs
seasons of the year, 6
seulement / ne . . . que, 119
si: clauses, 164
sourire, 173
subjunctive: with conjunctions, 178; with verbs of

emotion, 171; with impersonal expressions, 170; irregular, 168; past, 172; present, 168
suivre, 161
supposition: *see* conditional

te, 75, 83
time: expressions, 40; telling time, 39

title: article in a, 21
toi, 94, 155
tu and **vous,** 10

un, une: *see* indefinite article

valoir, 141
venir, 70
venir de with infinitive, 71
vieux, 23

vivre, 161
voici, voilà, 69
voir, 108
vouloir, 48; with subjunctive, 171

week: days of, 5

y: adverb of place, 90; adverbial pronoun, 90